戦国武将列伝
風《かぜ》の巻
甲《か》斐《い》の虎《とら》
武《たけ》田《だ》信《しん》玄《げん》
(1521-1573)
▶本文 P11～

海道一の弓取り
今川義元《いまがわよしもと》
(1519-1560)
▶本文 P77 ～
相模《さがみ》の獅子《しし》
北条氏康《ほうじょううじやす》
(1515-1571)
▶本文 P107 ～

越後《えちご》の龍《りゅう》
上杉謙信《うえすぎけんしん》
(1530-1578)
▶本文 P139 ～
戦国武将列伝
風《かぜ》の巻

忠義《ちゅうぎ》の武将《ぶしょう》
直江《なおえ》兼続《かねつぐ》
(1560-1619)
▶本文 P193 ～
天下御免《てんかごめん》の傾奇者《かぶきもの》
前田《まえだ》慶次《けいじ》
(生没年不詳《せいぼつねんふしょう》)
▶本文 P245 ～

戦国武将列伝《せんごくぶしょうれつでん》 〈風《かぜ》〉の巻《まき》

著　藤咲あゆな
絵　ホマ蔵

ポプラ ポケット文庫

はじめに――戦乱《せんらん》の世に生きた男たちの目的は？――

前巻《ぜんかん》「〈疾《はやて》〉の巻《まき》」で、「実は戦国武将《せんごくぶしょう》の中で天下統一《とういつ》を初めて目指したのは、織田《おだ》信長《のぶなが》だと言われています」というお話をしました。

当時の日本は大きく分けて「西国」と「東国」という意識《いしき》が強かったようで、小田《おだ》原《わら》を拠点《きょてん》に東へと版図《はんと》を広げた北条《ほうじょう》氏や、「関東管領《かんとうかんれい》」として関東制覇《せいは》を成《な》し遂《と》げようとした「上杉謙信《うえすぎけんしん》」が、わかりやすい例かと思います。

さて、その謙信ですが、北信濃《きたしなの》の支配《しはい》をめぐり、宿敵《しゅくてき》・武田信玄《たけだしんげん》と五度に及《およ》ぶ「川《かわ》中島《なかじま》の戦い」でぶつかり合っています。

一般的《いっぱんてき》に「川中島の戦い」といえば、第四次の「八幡原《はちまんばら》の戦い」で、謙信と信玄の一騎《いっき》打《う》ちがあったことでも有名です（ホマ蔵《ぞう》氏による本書のカバー絵は、そのシーンを主題としていますので、ぜひこの絵と一緒《いっしょ》に物語をお楽しみください）。

この戦いは、信玄の軍師《ぐんし》「山本勘助《やまもとかんすけ》」による「キツツキ戦法」や、謙信の「車懸《くるまがか》りの陣《じん》」など多くのエピソードを残しており、激戦《げきせん》であったことはもちろんのこと、互《たが》いの戦略《せんりゃく》や駆《か》け引《ひ》きなども含め「名勝負」として今でも語《かた》り継《つ》がれています。

憎《にく》み合《あ》っていたと言われているこのふたりですが、互いを認《みと》め合《あ》うライバルでもありました。謙信《けんしん》は信玄《しんげん》の死を知ったとき「惜《お》しい武将《ぶしょう》を失《な》くした」と涙《なみだ》し、信玄は「謙信は信用できる男だ」と息子《むすこ》に遺言《ゆいごん》し……。

そういった逸話《いつわ》から「宿敵《しゅくてき》と書いて〝友〟と読む」的な熱い男の友情《ゆうじょう》に浪漫《ろまん》を感じる方も多いでしょう。

本書では、この「武田信玄」と「上杉謙信」、「桶狭間《おけはざま》の戦い」で散った東海の大大名《だいだいみょう》「今川義元《いまがわよしもと》」、「相模《さがみ》の獅子《しし》」と謳《うた》われた「北条氏康《ほうじょううじやす》」、秀吉《ひでよし》に「天下の仕置《しお》きを任《まか》せてみたい」と言われた「直江兼続《なおえかねつぐ》」、「天下御免《ごめん》の傾奇者《かぶきもの》」と秀吉に認められた「前《まえ》田慶次《だけいじ》」の人生をご紹介《しょうかい》します。

戦国《せんごく》の世を風のように吹《ふ》き抜《ぬ》けた男たちの生《い》き様《ざま》を、どうぞお楽しみください。

藤咲あゆな

もくじ

コラム

今川義元《いまがわよしもと》——海道一の弓取りと呼《よ》ばれた駿河《するが》の大大名《だいだいみょう》—— 77

コラム

北条氏康《ほうじょううじやす》 ——相模《さがみ》の獅子《しし》と謳《うた》われた北条の三代目——

コラム

コラム

直江兼続《なおえかねつぐ》 ―「愛」の兜《かぶと》で知られる上杉《うえすぎ》家の執政《しっせい》― 193

コラム

※歴史には諸説《しょせつ》ありますが、この小説は主に通説《つうせつ》に基《もと》づき、物語を構成《こうせい》しています。

旧国名《きゅうこくめい》の地図
出羽《でわ》
陸奥《むつ》
常陸《ひたち》
下野《しもつけ》
越後《えちご》
下総《しもうさ》
上総《かずさ》
上野《こうずけ》
武蔵《むさし》
安房《あわ》
春日山城《かすがやまじょう》
相模《さがみ》
川中島《かわなかじま》
小田原城《おだわらじょう》
甲斐《かい》
信濃《しなの》
躑躅ヶ崎館《つつじがさきやかた》
能登《のと》
伊豆《いず》
越中《えっちゅう》
駿河《するが》
飛騨《ひだ》
加賀《かが》
遠江《とおとうみ》
美濃《みの》
三河《みかわ》
越前《えちぜん》
尾張《おわり》
近江《おうみ》

武《たけ》田《だ》信《しん》玄《げん》

——甲斐《かい》の虎《とら》と呼《よ》ばれた名将《めいしょう》——

武田信玄《たけだしんげん》　年表

1521年（大永《だいえい》元年）	甲斐《かい》に生まれる（1歳《さい》）
1536年（天文《てんぶん》5年）	海ノ口城《うんのくちじょう》攻《ぜ》めにて初陣《ういじん》を果たす（16歳）
1541年（天文10年）	父・信虎《のぶとら》を追放し、武田家の家督《かとく》を継《つ》ぐ（21歳）
1554年（天文23年）	甲相駿《こうそうすん》三国同盟《どうめい》が成立（34歳）
1559年（永禄《えいろく》2年）	出家し、信玄《しんげん》と名乗る（39歳）
1561年（永禄4年）	第四次川中島《かわなかじま》の戦い（41歳）
1572年（元亀《げんき》3年）	三方ケ原《みかたがはら》の戦いにて徳川家康《とくがわいえやす》に圧勝《あっしょう》（52歳）
1573年（元亀4年）	信濃国《しなののくに》・駒場《こまんば》にて死去（53歳）

武田信玄《たけだしんげん》　関係図《かんけいず》

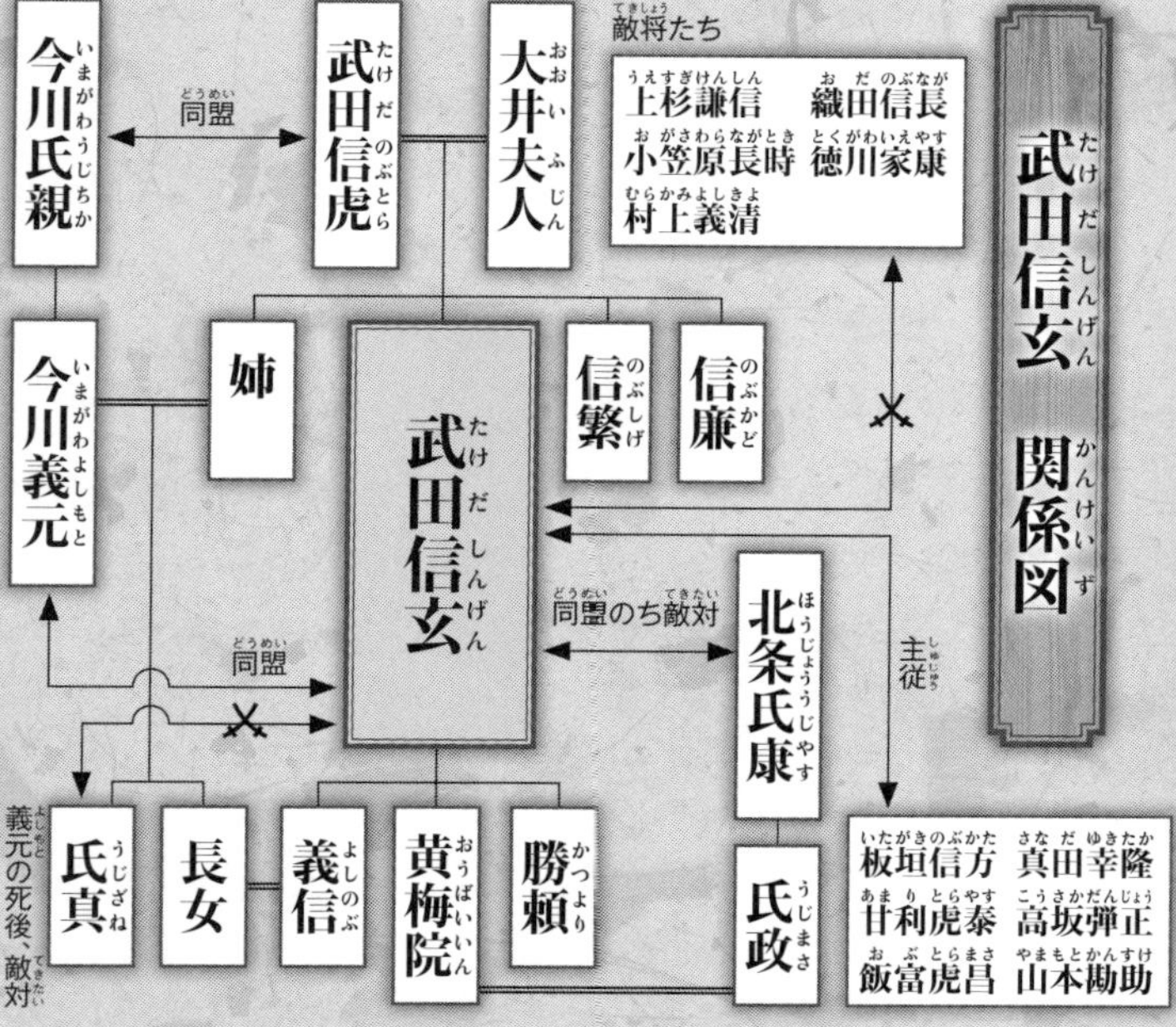

一　海《うん》ノ《の》口城《くちじょう》の戦い

――（天文《てんぶん》五年）一五三六年――

天文五年（一五三六年）十二月――。

大雪が降《ふ》る中、信濃国《しなののくに》・海ノ口城を取り囲む軍があった。

それを率《ひき》いているのは、隣国《りんごく》・甲斐国《かいのくに》の守護《しゅご》、武田信虎《たけだのぶとら》である。

が、厳《きび》しい寒さと長い戦いに、兵はすでに疲《つか》れ切《き》っていた。

城《しろ》に通ずる道は、狭《せま》い道ひとつ。

それゆえ大軍で攻《せ》めることは叶《かな》わず、少数の兵を突撃《とつげき》させても城からの攻撃《こうげき》を受け、格好《かっこう》の餌食《えじき》となるだけ。

そのようなわけで、三十四日経《た》った今でも、決着がつかずにいたのである。

「信虎様、もう年の瀬《せ》です」

「ここはいったん兵を引き、あたたかくなった頃《ころ》にまた――」

家臣《かしん》たちがそう進言すると、

「そうじゃな。春になったら改めて出直そうぞ」

信虎《のぶとら》はそう決め、甲斐《かい》に兵を引き上げようとした。

すると、殿軍《しんがり》を買って出るものがいた。嫡男《ちゃくなん》の晴信《はるのぶ》（のちの信玄《しんげん》）である。

「父上、私《わたし》に殿軍をお申しつけください！」

晴信は、この年の三月に元服《げんぷく》したばかりの十六歳《さい》。

殿軍は引き上げる軍の最後尾につき、敵《てき》の追撃《ついげき》を防《ふせ》ぎながら撤退《てったい》するという、大変危険《きけん》な役目である。

「晴信様が殿軍を？」

家臣《かしん》たちの間に動揺《どうよう》が走ったが、晴信は強い目でこう言った。

「私は初陣《ういじん》にて、手柄《てがら》を立てたく思っておりました。が、引き上げるとなれば、それも叶《かな》わず――。ですので、せめて殿軍という重役を果たさせていただきたく……！」

これを聞き、家臣たちは晴信の気概《きがい》に感じ入ったが、ひとりだけおもしろくなさそうな顔をした者がいた。

ほかならぬ、父・信虎である。

「長い籠城《ろうじょう》で敵《てき》は疲《つか》れ切《き》っている。年の瀬《せ》でもあるし、追撃《ついげき》はないはずだ。そちはそれを見越《みこ》して、今回は楽に殿軍《しんがり》が務《つと》められると思ったのであろう」

「そのようなこと思ってはおりませぬ！　私《わたし》はただ、油断《ゆだん》すべきではないと――」

「嘘《うそ》を申せ。楽して手柄《てがら》を立てようというその腹《はら》のうち、見《み》え透《す》いておるぞ。姑息《こそく》なやつめ」

「そんな……！　私はただ万が一を考え、父上をお守りしたく――」

信虎《のぶとら》は、なおも食い下がる晴信《はるのぶ》を苦々《にがにが》しい顔で見たあと、

「勝手にしろ。わしは先に躑躅《つつじ》ヶ崎《がさき》に戻《もど》る」

晴信の守役《もりやく》の板垣信方《いたがきのぶかた》と三百の兵を晴信のためにつけ、先に発《た》っていった。

武田《たけだ》軍が引き上げを開始すると、城《しろ》のほうから、わあっ、と喚声《かんせい》が上がった。

「あれを見ろ！」

「武田が引き上げていくぞ！」

歓喜《かんき》に湧《わ》く城を背《せ》に、武田軍の殿軍となった晴信は甲斐《かい》を目指して進んでいたが、城が見えなくなったところで、兵たちに止まるよう指示《しじ》を出した。

「晴信《はるのぶ》様、いかがなさいました」

「信方《のぶかた》、兵ひとりにつき三人分の食糧《しょくりょう》を与《あた》え、馬にも充分餌《じゅうぶんえさ》を与えよ」

「わかりました。あの分では追撃《ついげき》はなさそうですからな」

晴信の指示《しじ》は兵たちを労《ねぎら》うため、また、帰りの荷を軽くするためだと、信方をはじめ家臣《かしん》たちは思ったのだが――。


その夜、海ノ口城《うんのくちじょう》では年の瀬《せ》ということもあり、籠城《ろうじょう》していた兵たちの多くを年越《としこ》しのために返したあと、残った者たちが宴《うたげ》を催《もよお》していた。

「武田信虎《たけだのぶとら》も雪には敵《かな》わぬと見た」

「これで安心して年が越せるわい」

中でも城主の平賀源心《ひらがげんしん》は上機嫌《じょうきげん》だった。

「甲斐《かい》の荒獅子《あらじし》も人の子というわけか。妻《つま》や子らとともに自分の館《やかた》で年を越したいと思ったのだろう」

「ははは、獅子が尻尾《しっぽ》を巻《ま》いて巣《す》に戻《もど》ったというわけですな」

「大雪万歳《ばんざい》じゃ！」

源心《げんしん》たちは長い籠城戦《ろうじょうせん》から解放《かいほう》された喜びで、大いに酒を酌《く》み交《か》わし、酔《よ》い潰《つぶ》れて眠《ねむ》ってしまった。

そうして、夜が白々と明けてきた頃《ころ》――。

「おおーっ！」

突然《とつぜん》、城《しろ》の外で鬨《とき》の声が上がった。

「な、何事⁉」

急いで外を見ると、たくさんの旗が寒風の中、はためいていた。

武田《たけだ》の旗である。

「武田が！　武田が戻《もど》ってきた！」

「ええい、早く甲冑《かっちゅう》を！　甲冑を寄越《よこ》せ！」

明け方の奇襲《きしゅう》に、城内は上を下への大騒《おおさわ》ぎになった。

対する武田軍は晴信《はるのぶ》の計《はか》らいで食べ物をたくさん食べ、身体《からだ》を温める分だけ奇襲の前に酒を飲んでいたことから、寒さの中でも活発に動き回り、次々と城兵たちを討《う》ち取っていった。

この奇襲《きしゅう》により、晴信《はるのぶ》は父・信虎《のぶとら》がひと月以上かけて落とせなかった城《しろ》を、わずか数時間で落としてしまったのである。

敵《てき》の油断《ゆだん》をついた、見事な作戦であった。

武田《たけだ》家の拠点《きょてん》・躑躅《つつじ》ヶ崎《がさき》の館《やかた》に戻《もど》った板垣信方《いたがきのぶかた》は、先に帰還《きかん》していた信虎にすぐに報告《ほうこく》しに行った。

晴信は三百の兵を三隊に分け、精鋭《せいえい》を集めた一隊を攻撃《こうげき》に、残る二隊に旗を持たせて城を囲ませたのである。少数の兵を多く見せる作戦で見事に勝利を得たのだ。

「晴信様は機知に富《と》む御方《おかた》。これで武田も安泰《あんたい》かと」

高揚《こうよう》した顔で信方が言うと、

「学問ばかりしていると思っていたら、なかなかやるではないか。しかし、大多数の

兵が抜《ぬ》けた城《しろ》を落とすは容易《たやす》い。のぼせ上がるな」

信虎《のぶとら》は晴信《はるのぶ》の手柄《てがら》を認《みと》めず、奥《おく》に引《ひ》っ込《こ》んでしまった。

信方《のぶかた》からこれを知らされた晴信の心は沈《しず》んだ。

（父上はやはり私《わたし》が疎《うと》ましいのだ……）

いつからだろうか——。

信虎は晴信の四つ下の弟・次郎《じろう》をかわいがり、いつしか晴信の目さえ見なくなっていた。最近では、嫡男《ちゃくなん》の晴信ではなく、次郎を次期当主に据《す》えようと考えているという噂《うわさ》もある。

戻《もど》ってきた晴信をあたたかく迎《むか》えたのは、

母・大井《おおい》夫人と妻《つま》の三条《さんじょう》の方《かた》、それに同母弟《どうぼてい》の次郎《じろう》と孫六《まごろく》だった。

「晴信《はるのぶ》、見事な初陣《ういじん》だったそうですね。母はうれしく思いますよ」

「晴信《はるのぶ》様、おめでとうございます」

「兄上は素晴《すば》らしい働きをなさったと聞きました」

「ぜひ、詳《くわ》しく教えてください」

母と妻《つま》が笑顔で労《ねぎら》い、次郎が自分のことのように喜び、孫六も話を聞きたいと無邪《むじゃ》気《き》にねだる。

家族のあたたかさに包まれながら、晴信は心のどこかに穴《あな》が開いているのを感じていた。

❖信玄《しんげん》は非常に頭が良かった

幼《おさな》い頃《ころ》から、書物を好み、歌を詠《よ》むのが好きだったという信玄。

あるとき、母の大井夫人《おおいふじん》が貝合わせのための貝を大量に手に入れ、信玄に「大きい貝と小さい貝を選《よ》り分《わ》けてください」と頼《たの》み、信玄は大きい貝を選んで母のもとに届《とど》け、小さい貝は積み上げておきました。

そして、信玄は家臣《かしん》たちを呼《よ》んで、小さい貝の山を見せ、「何枚《まい》あると思うか」と問いました。

ある者は「二万」、ある者は「一万五千」と答えましたが、本当の数は三千七百。「実際の数と見た目は、このように違《ちが》うものだ」と笑う信玄を見て、家臣たちは非常に感心したとか。

信玄は「少ない兵を多く見せる方法」を、子どものときからわかっていたのですね。

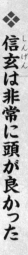

二　父・信虎《のぶとら》を追放する

——天文《てんぶん》十年（一五四一年）——


時は少しさかのぼり、天文五年（一五三六年）三月のことである。

隣国《りんごく》は駿河《するが》の守護《しゅご》・今川氏輝《いまがわうじてる》が二十四歳《さい》の若《わか》さで亡《な》くなった。

これにより、出家していた氏輝のふたりの弟の間で家督争《かとくあらそ》い「花倉《はなくら》の乱《らん》」が勃発《ぼっぱつ》し、武田《たけだ》が助力した義元《よしもと》が勝利を収めた。

翌年《よくとし》、信虎は義元に長女（晴信の姉）を嫁《とつ》がせ、今川と同盟《どうめい》を結び、早くも次の年には嫡男《ちゃくなん》（のちの氏真《うじざね》）が誕生《たんじょう》。

信虎はこのことを非常に喜び、

「今川に武田の血を引く後継《あとつ》ぎが生まれたのは、たいへんめでたいことじゃ。孫の顔を見に行ってくる」

と三年後の天文十年（一五四一年）、駿河に向かった。

娘《むすめ》や孫の顔を見たいのはもちろんだが、その裏《うら》には今川義元がどのような男か偵察《ていさつ》するという腹《はら》があった。

今川《いまがわ》は長年の宿敵《しゅくてき》。いつ同盟《どうめい》が破《やぶ》れるかわからない。そのときのために、義元《よしもと》の武《ぶ》将《しょう》としての器量を見定めてこようというのだ。

そうして、信虎《のぶとら》が駿河《するが》に発《た》った直後――。

武田《たけだ》家の重臣《じゅうしん》・板垣信方《いたがきのぶかた》と甘利虎泰《あまりとらやす》が、晴信《はるのぶ》を密《ひそ》かに訪《たず》ねてきた。

「晴信様、申し上げたいことがございます」

「信方、虎泰、ふたりとも怖《こわ》い顔をしてどうしたというのだ」

晴信が話を促《うなが》すと、ふたりの重臣は思い切ってこう言った。

「信虎様には、もうついていけませぬ」

「他国に逃《に》げた者もおります。このままでは甲斐《かい》の行く末は暗いかと」

信方たちが苦《にが》い顔をするのも、もっともであった。

信虎に異議《いぎ》を唱《とな》えた家臣《かしん》が斬《き》られ、なかには一族ごと成敗《せいばい》された家もある。領民《りょうみん》たちは戦《いくさ》に次ぐ戦のために重い税に苦しみ、ちまたでは牛や馬までも信虎の治世《ちせい》に苦しんでいるとまで言われていた。

無論《むろん》、そのことを知らなかった晴信《はるのぶ》ではないが――。

「私《わたし》に父上を討《う》てと申すか」

「しかし、このままでは晴信様のお立場も危《あや》うくなるかもしれませぬ。信虎《のぶとら》様は以前から次郎《じろう》……いえ、信繁《のぶしげ》様をかわいがっておられますゆえ」

「我《われ》らは晴信様についていく所存《しょぞん》！　どうか、ご決断《けつだん》を！」

信方《のぶかた》と虎泰《とらやす》の熱意の前に、晴信は腕組《うでぐ》みして唸《うな》った。

「……少し考えさせてくれ」


数日後――。

悩《なや》みに悩んだ末、晴信は弟たちを呼《よ》び、胸《むね》のうちを明かした。

「私《わたし》は甲斐《かい》のために、苦渋《くじゅう》の決断をしようと思う。しかし、父上はおまえたちにとっても血のつながった父親だ。父上につくというなら、私は止めない。すぐに駿河《するが》にいる父上のもとに走るがよい」

すると、弟たちは顔を見合わせてうなずきあったあと、晴信の目をまっすぐに見つめて、こう言った。

「兄上、私《わたし》は兄上をお支《ささ》えします」

「私もです！　兄上」

「信繁《のぶしげ》、信廉《のぶかど》……」

「なにを驚《おどろ》いておられるのですか。我《われ》ら兄弟《きょうだい》、生涯《しょうがい》、兄上をお支えし、武田家《たけだ》を守るよう、物心ついたときから、しっかりと母上から言い聞かせられておりまする」

「ええ、そうです。父上のことを考えると胸《むね》が痛《いた》いですが……。私も信繁の兄上と同じ気持ちです」

晴信《はるのぶ》の弟たち――次郎《じろう》と孫六《まごろく》は元服《げんぶく》し、それぞれ名を「信繁」、「信廉」と改めていた。信廉はともかく、父・信虎《のぶとら》にもっともかわいがられていた信繁までもが味方になると言ってくれ、晴信の決意は固まった。

「わかった……。後世まで『親不孝者《おやふこうもの》』と誹《そし》りを受けることになるだろうが、甲斐《かい》の国のためだ。やむをえまい」

六月の半《なか》ば——。

強い陽射《ひざ》しが照りつける中、お忍《しの》びの旅を終え、駿府《すんぷ》を発《た》った信虎《のぶとら》が異変《いへん》を感じたのは、駿河《するが》と甲斐《かい》の国境《くにざかい》に差《さ》し掛《か》かったときだった。

行く手を阻《はば》むように、甲斐の兵たちが立っている。

「これはどうしたことだ。早く通せ」

「甲斐へは一歩も足を踏《ふ》み入《い》れさせてはならぬ、と晴信《はるのぶ》様が仰《おお》せです」

「晴信が!?　なにを申すか！　甲斐の国主《こくしゅ》はこのわしじゃ！　国主が自分の国に入れぬとはどういうことだ！」

しかし、信虎がどんなに粘《ねば》っても国境を越《こ》えることは叶《かな》わず——。

信虎は娘《むすめ》の嫁《とつ》ぎ先《さき》——今川義元《いまがわよしもと》のもとに、戻《もど》らざるを得なくなった。

信虎《のぶとら》、駿河《するが》に留《とど》まる。

この報《ほう》はすぐに晴信《はるのぶ》のもとに届《とど》けられた。

（父上……）

晴信は複雑《ふくざつ》な思いだった。

（こうなった以上は、私《わたし》が甲斐《かい》を富《と》ませ、民を守っていくしかない）

「これからは、私が甲斐を治めていく。皆《みな》の力を貸《か》してくれ」

武田《たけだ》家に代々伝わる家宝《かほう》――源氏《げんじ》の日章旗《にっしょうき》と、武田家の祖《そ》・源 義光《みなもとのよしみつ》の甲冑《かっちゅう》を前に、
晴信は力強く言った。

「御旗《みはた》、盾無《たてなし》、御照覧《ごしょうらん》あれ！」

「はは――っ」

居並《いなら》ぶ家臣《かしん》たちは一斉《いっせい》に、深く頭を下げた。

天文《てんぶん》十年（一五四一年）六月二十八日。

こうして、信虎を駿河に追放した晴信は二十一歳《さい》で武田家第十九代目の当主となり、甲斐《かい》の国主《こくしゅ》となったのである。

❖武田信虎《たけだのぶとら》という人

暴君《ぼうくん》として恐《おそ》れられ、「牛馬までも愁嘆《しゅうたん》に暮《く》れていた」とまで言われた信玄《しんげん》の父・信虎。けれど、これは父を追放した信玄を正当化するために、あとから作られた大げさな話だと言われています。

この追放劇《ついほうげき》は「信玄と駿河《するが》の今川義元《いまがわよしもと》が謀《はか》り、信虎を甲斐《かい》から追放した」とか、「信虎が今川のスパイとして残った」など、いろんな説があります。

さて、信虎はやはり気の強い人だったようで、義元亡《な》きあとの今川の弱体化を見て、「今川を攻《せ》めるのは今！」と恩《おん》ある今川を攻めるよう、信玄に書き送っていたりします。これが今川にバレて駿河にいられなくなった信虎は、京《きょう》に向かい、そこで室町幕府《むろまちばくふ》第十三代将軍《しょうぐん》・足利義輝《あしかがよしてる》の御相伴衆《おしょうばんしゅう》になりました。

信虎は一生甲斐に戻《もど》ることなく、息子《むすこ》の信玄よりも長生きし、天正《てんしょう》二年（一五七四年）、八十一歳《さい》で没《ぼっ》しました。

三　信濃《しなの》攻《ぜ》めを開始する

――天文《てんぶん》十一年（一五四二年）――

父・信虎《のぶとら》を追放し、甲斐《かい》の国主《こくしゅ》となった晴信《はるのぶ》は、隣国《りんごく》・信濃を手に入れるべく戦《いくさ》を起こした。

甲斐《かい》は山国。一方、信濃には広大で肥沃《ひよく》な土地がある。その信濃を平定することで、甲斐の領民《りょうみん》たちの暮《く》らしを豊かにしようと考えたのだ。

実は信濃平定は、信虎の悲願でもあった。

（父上が成《な》し遂《と》げられなかったことを、私《わたし》がやってみせる。そして、甲斐をもっと豊かにしてみせる）

信濃攻めの裏《うら》には、自分を認《みと》めようとしなかった父親を見返してやりたいという思いもあったかもしれない。

とにもかくにも、晴信は動きだした。

信濃には守護《しゅご》の小笠原《おがさわら》氏がいるが、力はなく、中小の豪族《ごうぞく》たちがひしめきあっている状態《じょうたい》だ。晴信《はるのぶ》はまずは信濃《しなの》の名門・諏訪《すわ》氏を滅《ほろ》ぼし、伊那《いな》や佐久《さく》地方を攻《せ》めることにした。

信濃攻めを開始した翌年《よくとし》、晴信はひとりの男を召《め》し抱《かか》えた。

その名を、山本勘助《やまもとかんすけ》という。

駿河《するが》出身の勘助は二十歳《はたち》のときから武芸修行《ぶげいしゅぎょう》の旅に出、諸国《しょこく》を歩き、さまざまな知《ち》識《しき》を蓄《たくわ》えたが、今川義元《いまがわよしもと》に仕官《しかん》を願い出たところ、断《ことわ》られたという。

隻眼《せきがん》で片足《かたあし》の悪い勘助の見た目を、義元が嫌《きら》ったらしい。

「人を見た目で判断《はんだん》するとは、いかにも京《きょう》かぶれの義元らしいな。しかし、私《わたし》はおまえがどんな見た目であろうと気にしない。甲斐《かい》のために、力を貸《か》してほしい」

「はっ、今後は晴信様のため、甲斐のため、存分《ぞんぶん》に働きまする」

「うむ、そちのような男がおれば、非常に心強い。期待しているぞ」

勘助は意外な面でも、その知略《ちりゃく》の才を発揮《はっき》した。

晴信が諏訪氏の姫《ひめ》をたいへん気に入り、側室《そくしつ》にしようと思ったときに「敵《てき》の姫を娶《めと》るなどとんでもない」と重臣《じゅうしん》たちの反対にあったのだが、そのとき勘助が、

「晴信《はるのぶ》様とその姫《ひめ》の間に男子が生まれれば、諏訪《すわ》家再興《さいこう》の望みができ、諏訪家から来た家臣《かしん》たちは、いっそう武田《たけだ》家のために尽《つ》くすようになるでしょう」

と意見を言い、重臣《じゅうしん》たちを説《と》き伏《ふ》せたのだ。

三年後――この姫（諏訪御料人《すわごりょうにん》）は無事に晴信の四男となる男子（のちの勝頼《かつより》）を生み、勘助《かんすけ》の思惑《おもわく》どおりになった。

「四郎《しろう》にはいずれ諏訪氏を継《つ》がせよう。長男の太郎《たろう》を支《ささ》え、立派《りっぱ》な武士《ぶし》になるのだぞ」

このとき、晴信は二十六歳《さい》。

実は最初の結婚《けっこん》は十三のときだった。最初の妻《つま》は扇谷上杉朝興《おうぎがやつうえすぎともおき》の娘《むすめ》だった。これは関東に勢力《せいりょく》を伸《の》ばしてきた北条《ほうじょう》氏を牽制《けんせい》するための結婚《けっこん》だったのだが、一年後、その姫は身ごもったまま亡《な》くなってしまった。

その二年後に継室《けいしつ》として、今の妻《つま》・三条公頼《さんじょうきんより》の娘が京《きょう》から輿入《こしい》れし、晴信が十八のときに長男・太郎《たろう》（のちの義信《よしのぶ》）が生まれたのである。三条の方《かた》との間には三男二女の子宝《こだから》に恵《めぐ》まれたが、次男は生まれつき目が見えないという不幸を背負《せお》っていた。

そこへきて、側室《そくしつ》が男子を産んだのは非常に喜ばしいことであった。

（武田《たけだ》はさらに強くなる）

晴信《はるのぶ》は自分の周りを固めている男たちの顔を思《おも》い浮《う》かべた。

弟の信繁《のぶしげ》、信廉《のぶかど》、板垣信方《いたがきのぶかた》、甘利虎泰《あまりとらやす》、飯富虎昌《おぶとらまさ》、山本勘助《やまもとかんすけ》……。

彼《かれ》らがいれば、信濃《しなの》平定もそう遠くない。

そう確信《かくしん》できた。

翌年《よくとし》の天文《てんぶん》十六年（一五四七年）。

晴信は「小田井原《おだいはら》の戦い」で関東管領《かんとうかんれい》の上杉憲政《うえすぎのりまさ》を破《やぶ》った。

が、その翌年の「上田原《うえだはら》の戦い」で、武田軍は北信濃の豪族《ごうぞく》・村上義清《むらかみよしきよ》に大敗を喫《きっ》し、板垣信方、甘利虎泰が討《う》ち死《じ》に。晴信自身も傷《きず》を負《お》ってしまった。

古くからの重臣《じゅうしん》をふたりも失ったことは、武田にとって大きな痛手《いたで》であった。

「これは武田《たけだ》を潰《つぶ》す好機ぞ」

そう見て取った信濃国《しなののくに》の守護《しゅご》・小笠原長時《おがさわらながとき》が挙兵《きょへい》したが、塩尻峠《しおじりとうげ》で迎《むか》え討《う》った晴信《はるのぶ》はこれを撃退《げきたい》。二年後、小笠原氏の本拠地《ほんきょち》・林城《はやしじょう》を攻《せ》め落《お》とした。

「次は村上義清《むらかみよしきよ》を叩《たた》く！　信方《のぶかた》と虎泰《とらやす》の仇《かたき》を討つのだ！」

しかし、この「戸石城《といしじょう》攻め」は苦戦を呈《てい》した。

戸石城は小さいながらも、まさに砥石《といし》のような崖《がけ》を持つ、攻めにくい城《しろ》。

その立地条件《じょうけん》に加え、〝逆《さか》さ霧《ぎり》〟と呼《よ》ばれる山の上から下へと流れる濃《こ》い霧が武田《たけだ》軍を取り囲み、土地に詳《くわ》しい村上軍の有利に働いたのである。

霧の中、巧《たく》みに攻撃《こうげき》を繰《く》り出《だ》してくる村上軍に武田軍は翻弄《ほんろう》され、戸石城を囲んでひと月が過ぎても落とせずにいた。

「このまま戦《いくさ》を続けても兵は疲弊《ひへい》するばかり……。やむをえぬ。此度《こたび》は撤退《てったい》しよう」

晴信は苦渋《くじゅう》の決断《けつだん》をし、軍を退《ひ》くことにした。

これを待っていたのは、誰《だれ》あろう、強敵《きょうてき》・村上義清である。

「武田を追え！　ひとりでも多く討ち取るのじゃ！」

村上軍《むらかみ》は武田軍《たけだ》の背後《はいご》から追撃《ついげき》。

防《ふせ》いでも防いでも、あとからあとから追ってくる。

激戦《げきせん》の末、晴信《はるのぶ》は六日後に躑躅ヶ崎《つつじがさき》に戻《もど》ったが、この「戸石崩れ《といしくず》」で千人以上もの戦死者を出してしまった。

「信方《のぶかた》と虎泰《とらやす》の仇《かたき》を討《う》つどころか……またも歴戦《れきせん》の武者《むしゃ》たちを失うとは」

この戦《いくさ》では、殿軍《しんがり》を務めた横田高松《よこたたかとし》という古くからの重臣《じゅうしん》が討《う》ち死《じ》にしてしまった。

打ちのめされた晴信に、

「力攻《ちからぜ》めでなく、調略《ちょうりゃく》で落としましょうぞ」

と進言したのは、家臣《かしん》の真田幸隆《さなだゆきたか》だった。

幸隆は義清《よしきよ》の家臣たちを密《ひそ》かに寝返《ねがえ》らせることに成功。わずか一日で戸石城《じょう》を落とし——。

その二年後、晴信は義清の本拠地《ほんきょち》である葛尾城《かつらおじょう》を攻略《こうりゃく》。

義清は越後《えちご》へと逃《のが》れていった。

「これで信濃《しなの》はほぼ手中に収まった。あとは各地の小豪族《しょうごうぞく》を落とすのみ」

この時点で、信濃《しなの》攻《ぜ》めを開始してから十一年の月日が流れていた。

この間《かん》に、嫡男《ちゃくなん》の義信《よしのぶ》が元服《げんぷく》し、今川義元《いまがわよしもと》の娘《むすめ》を娶《めと》るなどのうれしい出来事もあったが、母・大井《おおい》夫人が亡《な》くなるという不幸もあった。

「長かった……。が、信濃《しなの》平定はもうすぐだ」

しかし、信濃の完全制覇《せいは》の前に、新たな敵《てき》が立ちふさがった。

信濃の北方の隣国《りんごく》である越後国《えちごのくに》の守護《しゅご》・長尾景虎《ながおかげとら》である。

「武田晴信《たけだはるのぶ》……。己《おのれ》の欲《よく》のために、信濃の民を苦しめるとは許《ゆる》し難《がた》い！」

武田軍に信濃を追われた小笠原長時《おがさわらながとき》や村上義清《むらかみよしきよ》に頼《たよ》られた景虎は、五千の兵を率《ひき》いて進軍。晴信は葛尾城《かつらおじょう》を奪《うば》い取《と》られてしまった。

「長尾景虎……」

新たなる強敵《きょうてき》の登場である。

晴信は一度、躑躅ヶ崎《つつじがさき》へ戻《もど》り、軍を立て直してから、怒濤《どとう》の進撃《しんげき》を開始。

両軍は北信濃の川中島《かわなかじま》の地で対峙《たいじ》したが、戦《いくさ》は数度の小競《こぜ》り合《あ》いで終わり、互《たが》いに兵を引いた。

長尾景虎《ながおかげとら》――。
のちの上杉謙信《うえすぎけんしん》との最初の戦いである。
これがこの先、十二年の長きにわたり五回もの戦いを繰《く》り広《ひろ》げることになる「川中《かわなか》島《じま》の戦い」のはじまりであった。

◆信玄《しんげん》の領国経営術《りょうごくけいえいじゅつ》

信濃《しなの》への侵攻《しんこう》を進めながら、新田開発《しんでんかいはつ》、街道《かいどう》の整備、水晶細工《すいしょうざいく》などの国産品の生産の奨励《しょうれい》など、信玄は領国の経営にも力を入れました。ここでは、有名なものをいくつか挙《あ》げておきます。

「**治水《ちすい》工事**」。川の氾濫《はんらん》を防《ふせ》ぐため、流れを変えたりしました。今も残る「信玄堤《しんげんづつみ》」は二十年かけて完成した大事業でした。

「**金山開発**」。金山衆《かなやましゅう》と呼《よ》ばれる専門《せんもん》の集団を使って金を採掘《さいくつ》。甲州金《こうしゅうきん》という独自《どくじ》の金貨《きんか》を作り、軍用金や恩賞《おんしょう》などにあてました。

「**分国法《ぶんこくほう》『甲州法度之次第《はっとのしだい》』**」。あとから追加されたものも含《ふく》めると、五十七カ条《じょう》に及《およ》びますが、ケンカ両成敗《りょうせいばい》などが盛《も》り込《こ》んであり、「法度を破《やぶ》った場合、たとえ信玄であっても同じ罰《ばつ》を受ける」という一文もあります。

信玄は自身にも厳《きび》しくつとめ、甲斐の発展《はってん》に力を尽《つ》くしたのですね。

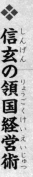

四 第四次「川中島《かわなかじま》の戦い」

――永禄《えいろく》四年（一五六一年）――

第一次「川中島の戦い」の翌年《よくとし》、天文《てんぶん》二十三年（一五五四年）。晴信《はるのぶ》は今川《いまがわ》の勧《すす》めで相模《さがみ》の北条氏康《ほうじょううじやす》と同盟《どうめい》を結び、長女（黄梅院《おうばいいん》）を氏康の嫡男《ちゃくなん》・氏政《うじまさ》に嫁《とつ》がせることにした。

今川には氏康の長女（早川殿《はやかわどの》）が嫁ぎ、こうして日本の歴史上稀《まれ》に見る「甲駿相三《こうすんそう》国同盟」が完成（晴信の嫡男・義信《よしのぶ》にはすでに二年前に今川義元《よしもと》の姫《ひめ》が嫁いでいる）。武田《たけだ》は、東の北条、南の今川から攻《せ》められる恐《おそ》れがなくなり、北信濃《きたしなの》をめぐる戦い――越後《えちご》の長尾景虎《ながおかげとら》との戦いに集中できるようになった。

翌年の天文二十四年（一五五五年）、晴信は動いた。長尾家家臣《かしん》・北条高広《きたじょうたかひろ》を調略《ちょうりゃく》して謀叛《むほん》を起こさせ、内部から越後を崩《くず》そうとしたのである。

が、景虎は寛大《かんだい》にも北条高広を許《ゆる》した。

この謀叛《むほん》の裏《うら》に武田《たけだ》の存在《そんざい》があることを見抜《みぬ》いていた景虎《かげとら》は四月、北信濃《きたしなの》に出陣《しゅつじん》。これに対抗《たいこう》すべく、晴信《はるのぶ》もただちに兵を率《ひき》いて北信濃に向かい、甲斐《かい》と越後《えちご》の軍勢《ぐんぜい》は川中島《かわなかじま》で対峙《たいじ》することとなった。

けれど、今回も小さな戦《いくさ》を繰《く》り返《かえ》すだけで、互《たが》いに決定的な打撃《だげき》を与《あた》えることができず……対陣《たいじん》すること二百日。

折れたのは、晴信のほうだった。長引く戦に兵たちの統率《とうそつ》がだんだんと乱《みだ》れ、加えて兵糧《ひょうろう》の確保《かくほ》も難《むずか》しくなったからである。

そこで、晴信は同盟《どうめい》関係にある今川義元《いまがわよしもと》に仲介《ちゅうかい》を頼《たの》み、景虎《かげとら》と和議《わぎ》を結んで、兵を引くことにしたのである。

しかし、晴信はこれであきらめたわけではなかった。

その後も川中島の南部にある雨飾城《あまかざりじょう》、善光寺平《ぜんこうじだいら》の葛山城《かつらやまじょう》を次々と攻略《こうりゃく》し、信濃平定に向け、着々と手を打っていったのである。

「晴信め、またも信濃の民を苦しめるとは！」

この北信濃への再侵攻《さいしんこう》を、越後の景虎が見逃《みのが》すはずがなかった。

弘治《こうじ》三年（一五五七年）、四月――。

まだ雪が降《ふ》る中、景虎《かげとら》は兵を率《ひき》いて川中島《かわなかじま》へと出陣《しゅつじん》。怒濤《どとう》の勢《いきお》いで攻《せ》めかかってきたが、晴信《はるのぶ》は越後《えちご》軍の補給路《ほきゅうろ》を断《た》つ作戦で景虎との直接《ちょくせつ》対決を避《さ》けた。

結局、今度は景虎が折れ、越後へと兵を引き上げていった。


第三次「川中島の戦い」から四年後の、永禄《えいろく》四年（一五六一年）八月。

武田《たけだ》軍はふたたび川中島に出陣してきていた。

「景虎……いや、今は政虎《まさとら》だったか。今度こそ、決着をつけてやる」

この四年の間に、晴信は正式に朝廷《ちょうてい》から信濃《しなの》の守護《しゅご》となる命《めい》を受け、その後、出家して「信玄《しんげん》」と名乗るようになっていた。

一方の長尾《ながお》景虎は関東管領《かんとうかんれい》・上杉憲政《うえすぎのりまさ》を奉《ほう》じて小田原《おだわら》の北条氏康《ほうじょううじやす》を攻《せ》め、その戦《いくさ》の間に憲政の養子となり、名も「上杉政虎」と改めていた。

その政虎《まさとら》が越後《えちご》を発《た》ち、川中島《かわなかじま》に進軍してきたという報《ほう》を受け、信玄《しんげん》もすぐさま甲《か》斐《い》を出たのだが――。

政虎はなぜか、一年前に信玄が前線基地として山本勘助《やまもとかんすけ》に命じて築《きず》かせた海津城《かいづじょう》を横目に通り過ぎ、南に位置する妻女山《さいじょさん》に陣《じん》を張《は》った。

川中島に到着《とうちゃく》した信玄は千曲川《ちくまがわ》を渡《わた》って妻女山の北西にある茶臼山《ちゃうすやま》に陣を構《かま》えたが、政虎が一向に動かぬので、六日後に山を下り、海津城に入った。

そうして膠着状態《こうちゃくじょうたい》が続く中、月が変わり、暦《こよみ》は九月になってしまった。

「越後の龍《りゅう》」とその武勇《ぶゆう》を謳《うた》われる政虎は、信玄よりも九歳《さい》下。

初めて政虎――当時は「長尾景虎《ながおかげとら》」だったが――と対決したのは、八年前。

最初から、信玄には不可解《ふかかい》な男であった。

（やつはなぜ、『義《ぎ》』というもののために戦えるのだ？）

信玄には信濃《しなの》を平定して豊かな土地を手に入れ、甲斐《かい》の民を富《と》ませたい、という目的がある。

しかし、政虎は信濃の民のために戦い、勝利したのちは己《おのれ》のものとせず、信濃の豪《ごう》族《ぞく》たちに領地《りょうち》を返すというのだ。

(政虎《まさとら》は、毘沙門天《びしゃもんてん》の生まれ変わりだという噂《うわさ》があるが——。この戦国《せんごく》の世に、己《おのれ》の私利私欲《しりしよく》で動かぬ武士《ぶし》がいようとは)

信玄《しんげん》は青空にはためく「風林火山」の旗を見上げた。

疾如風徐如林侵
掠如火不動如山

「疾《はや》きこと風の如《ごと》く、徐《しず》かなること林の如く、侵《おか》し掠《かす》めること火の如く、動かざること山の如し」

これは中国の兵書「孫子《そんし》」にある言葉である。恵林寺《えりんじ》の快川和尚《かいせんおしょう》が書いたその文字は明るい陽射《ひざ》しの下、力強く見えた。

「兄上、なにを考《かんが》え込《こ》んでおられるのです」

そばに控《ひか》えていた弟の信繁《のぶしげ》の声に、信玄は我《われ》に返った。

「いや……越後《えちご》の龍《りゅう》を、どうやって誘《さそ》い出《だ》したものかと思ってな」

「政虎《まさとら》は変な男ですね。この海津城《かいづじょう》を素通《すどお》りして南側に陣《じん》を張《は》るとは。越後は北。いざ逃《に》げるとなれば、どうしても敵陣《てきじん》を突破《とっぱ》するかたちになりましょうに」

「負けるつもりは、さらさらないのだろうよ。まったく、大胆《だいたん》な男だ」

「此度《こたび》の対決で決着をつけるということですね」

妻女山《さいじょさん》から海津城を見下ろしている政虎は、いったいどんな戦法を練《ね》っているのだろうか。

信玄《しんげん》と信繁《のぶしげ》が妻女山を見上げていると、そこへ杖《つえ》をつきながら山本勘助《やまもとかんすけ》がやってきた。

「殿《との》、私《わたし》に考えがあります」

勘助は杖で、地面に簡単《かんたん》に図を描《か》いた。

「軍をふたつに分けましょう」

勘助の考えとはこうであった。

高坂弾正《こうさかだんじょう》らが率《ひき》いる別働隊一万二千を妻女山に向かわせて上杉《うえすぎ》軍の後ろから迫《せま》り、

驚《おどろ》いて山を下った上杉《うえすぎ》軍を信玄《しんげん》の本隊八千が八幡原《はちまんばら》で迎《むか》え撃《う》つ。

つまり、挟《はさ》み討《う》ちにしようという作戦であった。

「名付けて、キツツキ戦法と申しておきましょうか」

啄木鳥《きつつき》は虫を取るとき、虫がいる木の穴《あな》の反対側をつつき、驚《おどろ》いた虫が穴から出てきたところをつかまえる。勘助《かんすけ》はそれにたとえたのだ。

「なるほど、おもしろい。兄上は転げ落ちた虫をたいらげればいいということですな」

信繁《のぶしげ》の顔が輝《かがや》く。

勝機はこれで見えた。

「よし、すぐに軍議を開く」

信玄は家臣《かしん》たちを集め、ただちに作戦を伝えることにした。

そして、九月九日の夜。

高坂弾正《こうさかだんじょう》や穴山信君《あなやまのぶきみ》の率《ひき》いる別働隊が上杉軍《うえすぎ》の背後《はいご》を突《つ》くべく、出陣《しゅつじん》していった。

妻女山《さいじょさん》には上杉軍が焚《た》いた篝火《かがりび》がいくつも夜の闇《やみ》に揺《ゆ》れている。

(政虎《まさとら》め、すっかり油断《ゆだん》しておるな)

海津城《かいづじょう》を出て八幡原《はちまんばら》に密《ひそ》かに進軍した信玄《しんげん》は「鶴翼の陣《かくよくのじん》」を展開《てんかい》し、今か今かと待ち受けていた。鶴《つる》が翼《つばさ》を広げたかたちに似《に》たこの陣形で、山から転げ落ちるように逃《に》げてくる上杉軍を一網打尽《いちもうだじん》にするためである。

しかし、そうしているうちに夜が明け――……。

川中島《かわなかじま》一帯は深い霧《きり》に包まれはじめた。このあたりは千曲川《ちくまがわ》や犀川《さいがわ》が流れており、夏の朝は霧が立《た》ち込《こ》めやすいのだ。

(まさか、別働隊がすでに上杉軍を壊滅《かいめつ》させたのではあるまいな)

そう思ったとき――。

ドドドッと大軍が押《お》し寄《よ》せてくる物音が、霧の向こうから聞こえてきた。

武田《たけだ》の動きを察知した政虎がひそかに山を下り、霧に紛《まぎ》れて進軍し、突然《とつぜん》、信玄の本隊に攻撃《こうげき》をしかけてきたのである！

「て、敵襲《てきしゅう》！」

「なんだと⁉」

上杉軍《うえすぎ》は「車懸《くるまが》かりの陣《じん》」という車輪が回るがごとくの陣形で迫《せま》り、武田軍《たけだ》の「鶴《かく》翼《よく》の陣」を崩《くず》しにかかってきた。

ふいをつかれた武田軍は、この奇襲《きしゅう》により怖気《おじけ》づく者も多かった。

「ま、まるで天から降《ふ》ってきたかのようじゃ」

「天魔《てんま》の所業《しょぎょう》か⁉」

川中島《かわなかじま》一帯は一気に地獄絵図《じごくえず》と化した。

刀を斬《き》り結《むす》ぶ音が響《ひび》き合《あ》い、ある者は地に倒《たお》れ伏《ふ》して首を取られ、ある者は川に落とされて水しぶきを上げたあと、血の色に川を染《そ》めていく。

「政虎《まさとら》め！　どこにいる⁉　政虎を絶対に本陣に近づけるな！」

武田本隊の前線を守っていたのは、信玄《しんげん》の弟・信繁《のぶしげ》であった。

襲《おそ》い掛《か》かる上杉軍に果敢《かかん》に立ち向かうも、自軍は徐々《じょじょ》に押《お》されていく。

信繁《のぶしげ》はついに死を覚悟《かくご》し、信玄《しんげん》のもとに使者を走らせた。

「兄上！　私《わたし》が敵《てき》を防《ふせ》いでいるあいだに、勝つための方法をお考えください！」

使者が去ったあと、信繁は馬首をめぐらし、刀を振《ふ》りかざして大声で叫《さけ》んだ。

「我《われ》は武田《たけだ》信玄が弟、信繁なり！　我と思う者はかかってこい！」

敵を本陣《ほんじん》に近づけてはならぬ。

ならば、自分が目立つことで少しでも敵を多く引きつけ、時間を稼《かせ》ぐ。

弟の信廉《のぶかど》も、甥《おい》――信玄の嫡男《ちゃくなん》――の義信《よしのぶ》も懸命《けんめい》に戦っている。兄だけでなく、彼《かれ》らも守らねばと、信繁は必死に刀を振るう。

「信玄の弟だと⁉」

「武田の副将《ふくしょう》ではないか！」

「討《う》ち取《と》れ、討ち取れ――っ」

大将首《たいしょうくび》を狙《ねら》って雲霞《うんか》のごとく押《お》し寄《よ》せてくる敵兵《てきへい》を、信繁は次々と斬《き》り捨《す》てていったが――。

「……ぐっ⁉」

銃弾《じゅうだん》を浴《あ》び、信繁《のぶしげ》は馬から真《ま》っ逆《さか》さまに落ちた。

どうっ、と土煙《つちけむり》を上げて落ちた信繁の身体《からだ》に敵兵《てきへい》が飛びつき、すぐさま首を取る。

「信繁様の首を取られてはならぬ！」

信繁の兵たちは必死に上杉《うえすぎ》軍に挑《いど》み、首を取り返す。

戦いが始まって、早数時間。

霧《きり》も晴れ、川中島《かわなかじま》の上には明るい太陽が昇《のぼ》っていた。

その太陽を忌々《いまいま》しく見つめている男がいた。

信玄《しんげん》の軍師《ぐんし》・山本勘助《やまもとかんすけ》である。

(別働隊はまだか？　まだなのか……!?)

味方の死が次々と報告《ほうこく》される中、勘助は責任《せきにん》を感じていた。

「軍をふたつに分けたのが、仇《あだ》になるとは――」

奇襲《きしゅう》を仕掛《しか》けたつもりが、逆《ぎゃく》に罠《わな》にはめられたのである。

上杉軍は別働隊が背後《はいご》から迫《せま》ってくるのを察知し、夜明け前に素早《すばや》く山を下りたのだろう。

「往《ゆ》くことは流れの如《ごと》し……上杉政虎《うえすぎまさとら》、相手に不足なし！　私《わたし》の死に場所はここだと存《ぞん》ずる！」

勘助《かんすけ》は大太刀《おおだち》を振《ふ》り回《まわ》し、敵陣《てきじん》に突《つ》っ込《こ》んでいき――。

上杉の猛将《もうしょう》・柿崎景家《かきざきかげいえ》と対峙《たいじ》した。

「あの足に隻眼《せきがん》……あれは山本《やまもと》勘助だ！」

「囲め、囲め――っ」

四方を敵兵《てきへい》に囲まれた勘助は、何本もの槍《やり》に貫《つらぬ》かれ、絶命した。

しかし、上杉の優勢《ゆうせい》もここまでだった。

巳《み》の刻《こく》に、状況《じょうきょう》が一変したのである。

妻女山《さいじょさん》に向かっていた武田《たけだ》の別働隊が山を下り、ようやく上杉軍の背後《はいご》に迫《せま》ったのだ。

前後を武田軍に挟《はさ》まれた上杉軍は、たちまち劣勢《れっせい》となった。

「政虎を討《う》ち取《と》れ！　決して逃《に》がしてはならぬ！」

信玄《しんげん》は未《いま》だ本陣《ほんじん》にいて、采配《さいはい》を振《ふ》るっていた。

先ほど、弟・信繁《のぶしげ》の悲報《ひほう》を知り、すぐにでも刀を抜《ぬ》いて飛び出していきたいと思ったが、膝《ひざ》の上で拳《こぶし》を握《にぎ》り、ぐっと堪《こら》えていたのだ。

大将《たいしょう》たるもの、やすやすと動くものではない。

落ち着き払《はら》った態度《たいど》を崩《くず》さぬよう、信玄《しんげん》は床几《しょうぎ》に座《すわ》ったまま、悠然《ゆうぜん》と構《かま》えていた。

しかし、そこへ、月毛《つきげ》の馬に乗ったひとりの武者《むしゃ》が突如《とつじょ》、刀を振《ふ》りかざし、信玄めがけて疾風《しっぷう》のように駆《か》けてきたのである！

「我《われ》は毘沙門天《びしゃもんてん》の生まれ変わり、上杉政虎《うえすぎまさとら》！　甲斐《かい》の虎《とら》を討《う》ちにまいった！」

「越後《えちご》の龍《りゅう》か！」

「信玄、敗《やぶ》れたり！」

政虎が馬上から斬《き》りかかると、信玄はとっさに床几から立ち上がり、軍配《ぐんばい》でそれを受けた。

（自ら突《つ》っ込《こ》んでくるとは……！）

政虎に三太刀《たち》浴《あ》びせられ、そのすべてを信玄は軍配で防ぐ。

こうなれば、一騎打《いっきう》ちか。

(それもおもしろい)
信玄《しんげん》は不思議と心躍《こころおど》った。
長年の宿敵《しゅくてき》とこうして直接《ちょくせつ》、相まみえたからだ。
けれど、信玄が刀を抜《ぬ》く前に、政虎《まさとら》の背後《はいご》から迫《せま》った武田兵《たけだへい》の槍《やり》の先があやまって
馬の尻《しり》を突《つ》いてしまい——。
それに驚《おどろ》いた馬が駆《か》けだし、政虎は去っていってしまった。
「殿《との》!　ご無事ですか!」
「ああ、心配いらぬ」
信玄は少し残念そうに息をつき、軍配《ぐんばい》についた刀傷《かたなきず》を見た。
傷は七つ。
(越後《えちご》の龍《りゅう》……か)
その後、武田軍の勢《いきお》いに押《お》された上杉軍はやむなく兵を引き、越後へと引き上げて
いった。
しばらくして——。

静寂《せいじゃく》の訪《おとず》れた戦場で、信玄《しんげん》は変わり果てた姿《すがた》の弟と対面した。

「信繁《のぶしげ》……信繁――っ」

父・信虎《のぶとら》を追放するときも信繁は異《い》を唱《とな》えず、ついてきてくれた……。

そして、今日、存分《ぞんぶん》に戦い、散っていった。

信繁の生涯《しょうがい》は、敬愛《けいあい》する兄のためにあったと言っても過言ではない。

信玄は信繁の首をかき抱《いだ》き、号泣《ごうきゅう》した。

第四次「川中島《かわなかじま》の戦い」は、こうして終わった。

弟の信繁や山本勘助《やまもとかんすけ》が討《う》ち死《じ》にし、武田《たけだ》軍にとっては手痛《ていた》い引き分けとなったこの戦いは、これまでの戦いの中でもいちばんの激戦《げきせん》であった。

❖早わかり川中島《かわなかじま》の戦い

戦国《せんごく》時代の名勝負として、今でも名高い「川中島の戦い」。

第四次の戦いでの信玄《しんげん》対謙信《けんしん》の一騎打《いっきう》ちが本当にあったかどうか定かではありませんが、十二年にわたり五回も戦ったふたりが宿命のライバルだったことは間違《まちが》いありません。

それではおさらいも兼《か》ねて、簡単《かんたん》に見ていきましょう。

・第一次（天文《てんぶん》二十二年／一五五三年）「篠ノ井《しののい》（布施《ふせ》）の戦い」（八月〜九月）
最初は上杉優勢《うえすぎゆうせい》なるも、結果的には引き分け。

・第二次（天文二十四年／一五五五年）「犀川《さいがわ》の戦い」（四月〜閏《うるう》十月）
二百日のにらみ合いの末、今川義元《いまがわよしもと》が調停《ちょうてい》に入り、両軍引く。

・第三次（弘治《こうじ》三年／一五五七年）「上野原《うえのはら》の戦い」（三月〜九月）
第二次の際《さい》に結ばれた和議《わぎ》を無視《むし》し、善光寺《ぜんこうじ》一帯に兵を進めた信玄に怒《おこ》った謙信が出兵。

互《たが》いに決戦を避《さ》け、決着がつかず。

・**第四次（永禄《えいろく》四年／一五六一年）「八幡原《はちまんばら》の戦い」（八月～九月）**

いちばんの激戦《げきせん》。前半は上杉《うえすぎ》、後半は武田《たけだ》優勢《ゆうせい》。この戦《いくさ》は戦国《せんごく》時代を通しても稀《まれ》に見る激戦で、両軍合わせて約八千人の死者を出しました。

・**第五次（永禄七年／一五六四年）「塩崎《しおざき》の対陣《たいじん》」（七月～十月）**

六十日間対陣するも、謙信《けんしん》が兵を引く。

第四次の一騎《いっき》打《う》ちですが、これは「影武者《かげむしゃ》同士の戦い」だったという説があります。当時の関白《かんぱく》に「本当にあったことか？」と問われた謙信が「あれは影武者がやったことです」と答えた書状《しょじょう》があるとか。

ちなみに、信玄《しんげん》の影武者は弟の信廉《のぶかど》だったと言われています。彼《かれ》は兄弟《きょうだい》の中で、信玄にいちばん面差《おもざ》しが似《に》ていたそうです。

第五次の戦いのあと、謙信が出兵することはなく、これで幕引《まくひ》きとなりました。

信玄は北信濃《きたしなの》を掌握《しょうあく》し、念願の信濃平定を成したのです。

【天下統一《とういつ》への道――信玄《しんげん》のいちばんの敵《てき》は?】

念願の信濃《しなの》統一を果たした信玄。次に目を向けたのは、同盟《どうめい》関係にあった駿河《するが》の今川《いまがわ》でした。第四次「川中島《かわなかじま》の戦い」の前年の永禄《えいろく》三年(一五六〇年)に、尾張《おわり》の織田信長《おだのぶなが》が「桶狭間《おけはざま》の戦い」で今川義元《よしもと》を討《う》ち、今川が弱体化していったからです。

この当時の信玄は天下統一は狙《ねら》っていなかったようですが、晩年《ばんねん》は時勢《じせい》により考え方が変わっていきます。それでは、信長の盟友・徳川家康《とくがわいえやす》と激突《げきとつ》する「三方ケ原《みかたがはら》の戦い」までの流れを、簡単《かんたん》に見ていきましょう。

「信玄追放の危機《きき》!?」(永禄《えいろく》八年/一五六五年)

駿河侵攻《しんこう》を考えていた信玄に、今川の姫《ひめ》を娶《めと》っていた長男の義信《よしのぶ》が真《ま》っ向《こう》から反対。義元の後継《あとつ》ぎである氏真《うじざね》は妻《つま》の兄で、自分にとっても従兄《いとこ》(氏真の母は信玄の姉)。信玄が父・信虎《のぶとら》を追放したように、義信も父から家督《かとく》を奪《うば》おうと計画。しかし、これは事前に発覚し、義信に同調していた飯富虎昌《おぶとらまさ》が責任《せきにん》を取って自害《じがい》、義信は幽閉《ゆうへい》されました。

「織田《おだ》と同盟《どうめい》を結ぶ」（永禄《えいろく》八年／一五六五年）
四男の勝頼《かつより》に、織田信長《のぶなが》の姪《めい》で養女の遠山姫《とおやまひめ》が嫁《とつ》いできますが、遠山姫は長男（のちの信勝《のぶかつ》）を出産後、死亡《しぼう》。
「長男・義信が自害《じがい》する」（永禄十年／一五六七年）
義信が自害したのち、妻《つま》（義元の娘《むすめ》）を今川《いまがわ》に返し、今川と絶縁《ぜつえん》。これに怒《おこ》った今川氏《うじ》真《ざね》は北条氏康《ほうじょううじやす》と謀《はか》り、甲斐《かい》への「塩止め」を決行。山国である甲斐の塩不足を救ったのは、宿敵《しゅくてき》・越後《えちご》の上杉謙信《うえすぎけんしん》だったという説も。
「織田とふたたび同盟を結ぶ」（永禄十年／一五六七年）
信玄の五女・松姫《まつひめ》と信長の嫡男《ちゃくなん》・奇妙丸《きみょうまる》（のちの信忠《のぶただ》）との婚約《こんやく》が成立。
「駿河攻《するがぜ》め」（永禄十一年／一五六八年）
氏真を討《う》つため、遠江《とおとうみ》を支配《しはい》していた徳川家康《とくがわいえやす》にも「駿河を挟《はさ》み撃《う》ちにしよう」と持ちかけますが、どさくさに紛《まぎ》れて家臣《かしん》に徳川も攻めさせ《せ》ました。家康は当然「約束が違《ちが》う」と怒《おこ》りましたが、これにより信玄《しんげん》が「駿河より西」も狙《ねら》っていることが明らかとなりました。

「小田原攻《おだわらぜ》め」（永禄《えいろく》十二年／一五六九年）

信玄《しんげん》の「駿河《するが》攻め」で今川氏真《いまがわうじざね》の妻《つま》・早川殿《はやかわどの》（北条氏康《ほうじょううじやす》の長女）が裸足《はだし》で逃《に》げ出《だ》すはめになったことで、氏康が大激怒《だいげきど》。嫡男《ちゃくなん》・氏政《うじまさ》の妻・黄梅院《おうばいいん》（信玄の長女）を離縁《りえん》させ、甲斐《かい》へ送り返してしまいました。氏康は謙信《けんしん》と手を結び、家康《いえやす》も氏真と組み、信玄を追い込もうとします。封《ふう》じ込《こ》められた信玄は信長《のぶなが》を通じて将軍《しょうぐん》に「謙信と和睦《わぼく》したい」と仲介《ちゅうかい》を頼《たの》みました。氏康に「駿河攻め」を邪魔《じゃま》された信玄は、北条に戦《いくさ》を仕掛《しか》け、次々と北条方の城《しろ》を攻め落とし、小田原城に迫《せま》りましたが、氏康は籠城戦《ろうじょうせん》で切《き》り抜《ぬ》けました。

「北条と和睦」（元亀《げんき》二年／一五七一年）

この年、北条氏康が死去。氏康は「上杉《うえすぎ》とは手を切り、ふたたび武田《たけだ》と結ぶよう」遺言《ゆいごん》。これにより、後継《あとつ》ぎの氏政が信玄と和睦。信玄は駿河を支配下《しはいか》に置くことに成功。甲斐《かい》・信濃《しなの》・駿河の三国を統《す》べる大大名《だいだいみょう》になりました。

「越中一向一揆《えっちゅういっこういっき》」（元亀《げんき》三年／一五七二年）

石山本願寺《いしやまほんがんじ》の顕如《けんにょ》に働きかけ、越中で一向一揆を起こさせ、謙信の動きを牽制《けんせい》。西上する際《さい》に背後《はいご》を突《つ》かれる心配がこれでなくなりました。顕如の妻《つま》は信玄の妻・三条《さんじょう》夫人の妹なので、ふたりは義兄弟《ぎきょうだい》の間柄《あいだがら》だったのです。

「西上作戦開始」（元亀三年／一五七二年）

室町幕府《むろまちばくふ》第十五代将軍《しょうぐん》・足利義昭《あしかがよしあき》は信長《のぶなが》のおかげで将軍の座《ざ》に就《つ》くも、やがて邪魔者扱《じゃまものあつか》いされるようになりました。義昭は「打倒《だとう》信長」を全国の大名に呼《よ》びかけ、書状《しょじょう》を乱発《らんぱつ》。信玄《しんげん》も受け取り、いわゆる「信長包囲網《ほういもう》」に加わることとなります。信玄の西上にあたり、まず邪魔になるのが、信長の盟友《めいゆう》・三河《みかわ》の徳川家康《とくがわいえやす》でした。

そこで、この年の十月に三河に向けて出陣《しゅつじん》しますが、このとき、すでに病魔《びょうま》が信玄の身体《からだ》を蝕《むしば》んでいたのです。

五　三方《み》ヶ《かた》原《がはら》の戦い

——元亀《げんき》三年（一五七二年）——


永禄《えいろく》十一年（一五六八年）、信長《のぶなが》が足利義昭《あしかがよしあき》を奉《ほう》じて上洛《じょうらく》。

これにより、義昭は室町幕府《むろまちばくふ》第十五代将軍《しょうぐん》に就任《しゅうにん》した。

最初は義昭を立てていた信長は、やがて義昭をないがしろにするようになり……

怒《おこ》った義昭は各地の大名《だいみょう》に向けて、「信長を討《う》て」と書状《しょじょう》を乱発《らんぱつ》。

これは甲斐《かい》の信玄《しんげん》のもとにも届《とど》き——。

信玄は軍議《ぐんぎ》を開き、家臣《かしん》たちの意見を聞くことにした。

「越前《えちぜん》の朝倉《あさくら》、北近江《きたおうみ》の浅井《あざい》、南近江の六角《ろっかく》……」

「石山本願寺《いしやまほんがんじ》に、畿内《きない》の三好《みよし》三人衆《しゅう》」

「そして中国の毛利《もうり》や九州の大友《おおとも》にも、義昭公の書状が届いている模様《もよう》です」

「しかし、織田《おだ》との盟約《めいやく》はどうするのです」

「そうです。松姫《まつひめ》様との婚約《こんやく》は——」

家臣《かしん》のひとりが苦《にが》い顔で信玄《しんげん》を見た。

北条《ほうじょう》に嫁《とつ》いだ長女――黄梅院《おうばいいん》は同盟《どうめい》の破綻《はたん》で北条から離縁《りえん》され、失意のうちに亡《な》くなったからだ。

娘《むすめ》を深く愛していた信玄が非常に心を痛《いた》めたのは、家臣たちの記憶《きおく》にも新しい。

「松《まつ》はまだ輿入《こしい》れ前。むしろそれを幸いと思う。織田《おだ》を叩《たた》くなら今が好機。まずは織田の盟友・徳川《とくがわ》を叩くぞ」

信玄が力強く言うと、家臣たちが「うむ」と一斉《いっせい》に顔を見合わせ、うなずき合った。

「徳川を抑《おさ》え、上洛《じょうらく》する我《われ》らの背後《はいご》を狙《ねら》われないようにするのですな」

「そして、そのあと織田を討《う》つ！」

「おお……」

「御館様《おやかたさま》がいよいよ天下を――！」

「皆《みな》、さっそく戦《いくさ》の仕度《したく》を！」

躑躅《つつじ》ヶ崎館《がさきやかた》は一気に湧《わ》き立《た》ち、家臣たちは戦の準備に追われはじめた。

その様子を頼《たの》もしく眺《なが》めつつ、信玄は自室に向かった。

「……ごほっ、ごほっ」

ひとりになった信玄《しんげん》は胸《むね》を押《お》さえ、膝《ひざ》から崩《くず》れ落《お》ちた。

（病魔《びょうま》にこの身が負ける前に、急がねば……！）

元亀《げんき》三年（一五七二年）、十月三日。

先祖《せんぞ》伝来の甲冑《かっちゅう》を前に、信玄は出陣《しゅつじん》の儀式《ぎしき》を執《と》り行《おこな》った。

「御旗《みはた》、盾無《たてなし》、御照覧《ごしょうらん》あれ！」

こうして、信玄は満《まん》を持《じ》して甲斐《かい》を出発したのである。

武田《たけだ》軍は二万五千。信玄はこれを三つに分け、三方から徳川《とくがわ》を攻撃《こうげき》。

各地の支城《しじょう》を落とし、徳川を徐々《じょじょ》に追《お》い詰《つ》めていった。

そんな信玄に対し、信長《のぶなが》から「家康が無礼を働いたのなら、こちらで意見いたします」と下手《したて》に出た文書と進物《しんもつ》が送られてきたが、信玄は一蹴《いっしゅう》した。

「信長《のぶなが》め、甲斐《かい》の虎《とら》が相当怖《こわ》いと見ゆる」

「信長は各地の大名《だいみょう》から動きを牽制《けんせい》され、徳川《とくがわ》への援軍《えんぐん》もままならぬ状態《じょうたい》。父上のご威光《いこう》を持ってすれば、ひねり潰《つぶ》すは容易《たやす》きことかと」

義信亡《よしのぶな》きあと嫡男《ちゃくなん》となった四男・勝頼《かつより》が言うと、信玄《しんげん》はさらに不機嫌《ふきげん》な顔になった。

「勝頼、慢心《まんしん》するな。おまえは短慮《たんりょ》なところがある。もっと家臣《かしん》たちの意見に耳を傾《かたむ》け、朋輩《ほうばい》と思って接《せっ》するがよい」

「……はっ。心いたします」

勝頼はその場を辞《じ》したが、信玄の胸《むね》には苦《にが》い思いが残った。

（わしが死んだあとの武田《たけだ》がどうなるのか心配だ。やはり、上洛《じょうらく》を急がねば）

徳川の防衛線《ぼうえいせん》であった二俣城《ふたまたじょう》は天然の要害《ようがい》。

信玄は水の手を断《た》ち、二か月かけてこれを落とした。支城《しじょう》の攻略《こうりゃく》に思わぬ時間を食ってしまっている間に、信長の援軍《えんぐん》三千が到着《とうちゃく》してしまったのである。

十二月二十二日。

武田軍はいよいよ家康《いえやす》の本拠地《ほんきょち》・浜松城《はままつじょう》に向け、南下を開始。

昼前にこれに迫《せま》ったが——。

「家康《いえやす》は籠城《ろうじょう》の構《かま》えか。まあ当然であろう」

信玄《しんげん》は浜松城《はままつじょう》を囲まず、北西へと進路を取った。

敵《てき》の大将《たいしょう》を目の前にして、素通《すどお》りしたのである。

「父上、本当にうまくいくのでしょうか」

「若《わか》い者は気が短い。まあ、見ておれ」

信玄は悠然《ゆうぜん》と細い坂を進んでいく。大軍の歩みは当然、遅《おそ》くなった。これでは敵に背後《はいご》から襲《おそ》えと言っているようなものだ。

勝頼《かつより》は気が焦《あせ》り、ぎりりと手綱《たづな》を強く握《にぎ》りしめる。

(家康は来るのか来ないのか)

坂を登り切った先には、広大な土地が広がっていた。

三方ヶ原《みかたがはら》と呼《よ》ばれる台地である。

「よし、ただちに魚鱗《ぎょりん》の陣《じん》を取れ!」

武田《たけだ》軍は手はずどおり、すぐさま軍を展開《てんかい》した。

魚鱗《ぎょりん》の陣《じん》とは、文字通り、魚の鱗《うろこ》に似《に》た陣形である。中心部に大将《たいしょう》を置き、兵たちは固い鱗のように一丸となって敵《てき》を迎《むか》え討《う》つのだ。

そうして、しばらくして――。

ドドドッ……！

「ふん、やっと来たか」

勢《いきお》いよく坂を登ってきたのは、徳川《とくがわ》軍であった。

信玄《しんげん》を黙《だま》って見過ごすのは、武士《ぶし》の名折れ。

しかも素通《すどお》りされたとあっては、家康《いえやす》は信長《のぶなが》に向ける顔がない。だとしたら、討ち死に覚悟《かくご》で追うしかない。その心理を突《つ》いたのである。

「武田《たけだ》軍だ！　逃《に》がすな！」

「かかれ――っ！」

徳川軍は鶴翼《かくよく》の陣を展開《てんかい》し、攻《せ》めかかってきた。

が、織田《おだ》の援軍《えんぐん》を合わせても合計八千という、もとより数では圧倒的《あっとうてき》に少ない徳川軍の守りは薄《うす》く――。武田の第二陣である勝頼《かつより》の兵たちに向かう頃《ころ》には敗走を余儀《よぎ》なくされていた。

激戦《げきせん》の末、徳川《とくがわ》軍は総崩《そうくず》れとなり、家康《いえやす》は命からがら浜松城《はままつじょう》に逃《に》げ帰《かえ》ったのである。

武田《たけだ》軍はすぐにこれを追ったが、城《しろ》を前にして立ち止まった。

篝火《かがりび》がこうこうと焚《た》かれた城門《じょうもん》が、なぜか開け放たれていたからだ。

「これは罠《わな》だ。我《わ》が軍を中に誘《さそ》い込《こ》み、討《う》ち取《と》ろうというのであろう。ともかく、これで家康はしばらく動けまい。行くぞ」

織田《おだ》との対決のため、兵力を温存《おんぞん》しなければならない。

信玄《しんげん》の目は鋭《するど》く、すでに陽の落ちた西――尾張《おわり》の方向をにらんでいた。

その後の武田家《たけだ》

　武田軍はそのまま三方ヶ原《みかたがはら》の刑部《おさかべ》というところに陣《じん》を張《は》り、そこで年を越《こ》しました。同じ「信長包囲網《のぶながほういもう》」の越前《えちぜん》の朝倉義景《あさくらよしかげ》が、北近江《きたおうみ》の浅井《あざい》を攻《せ》める織田《おだ》を阻《はば》むために出陣していたのですが、それを解《と》き、越前に戻《もど》ってしまったからです。これにより、武田はすぐに尾張《おわり》に侵攻《しんこう》――というわけにはいかなくなったからでした。

が、信玄《しんげん》の最大の敵《てき》は病魔《びょうま》でした。寒さ厳《きび》しい冬の風に、老いた身体《からだ》が耐《た》えられなくなってきていたのです。

　年が明けて一月。信玄は病《やまい》を押《お》して、ふたたび戦《いくさ》を開始。織田に奪《うば》われていた野田城《のだじょう》を得意の「土竜攻《もぐらぜ》め」（金山を掘《ほ》ることを業《なりわい》とする「金山衆《かなやましゅう》」にトンネルを掘らせ、籠城《ろうじょう》する敵を追《お》い詰《つ》める戦法）などを駆使《くし》してひと月で落としましたが、これが信玄最後の戦となりました。武田軍は甲斐《かい》に戻《もど》るべく、進路を北東へと戻したのです。

　そうして、一五七三年（元亀《げんき》四年）四月十二日。信濃国《しなののくに》は駒場《こまんば》で、信玄は息を引き取りました。五十三歳《さい》でした。死因《しいん》は肺結核《はいけっかく》だったのではと言われています。

「京《きょう》に武田《たけだ》の旗を立てられなかったのは、なんとも無念……」

信玄《しんげん》は死に臨《のぞ》み、「わしの死を三年隠《かく》せ」と遺言《ゆいごん》。自身の署名《しょめい》入りの紙を八百通用意し、死後も生きているかのように見せるよう、指示《しじ》しました。

そうして、しばらく弟の信廉《のぶかど》が影武者《かげむしゃ》を務《つと》め、信玄の遺言どおり、武田家では信玄を存命《ぞんめい》扱《あつか》いにし、勝頼《かつより》に家督《かとく》を譲《ゆず》ったかたちをとりました。

そして、亡《な》くなって三年目。信玄の葬儀《そうぎ》が行われました。

しかし、これはもう意味のないことでした。信玄の死は亡くなってすぐに他国に知《し》れ渡《わた》っていたのです。各武将《かくぶしょう》が放っていた乱波《らっぱ》たちが情報《じょうほう》を集め、それぞれの主君に伝えていたのでした。

信玄亡きあとの武田など、怖《おそ》るるに足らず。

鉄の結束《けっそく》を持って知られた武田は、内部から少しずつ崩《くず》れていきます。

二十八歳で家督を継《つ》いだ勝頼はまだ若輩者《じゃくはいもの》だということもありましたが、もともと、信玄の側室《そくしつ》で諏訪《すわ》氏の娘《むすめ》（諏訪御料人《ごりょうにん》）が産んだ四男の勝頼は、嫡男《ちゃくなん》の義信《よしのぶ》が生きていれば、諏訪氏を継《つ》ぐ身でした（信玄《しんげん》の次男は盲目《もうもく》で僧籍《そうせき》、三男は病《やまい》で早逝《そうせい》）。諏訪《すわ》氏は、もとは武田《たけだ》の敵《てき》。そういった血筋《ちすじ》のこともあり、勝頼《かつより》に反発を抱《いだ》く家臣《かしん》は多くいたようです。

そんな中、越後《えちご》でも謙信《けんしん》が突然《とつぜん》、死去。上杉《うえすぎ》家では家督争《かとくあらそ》いが勃発《ぼっぱつ》。勝頼は謙信の甥《おい》で養子の景勝《かげかつ》から同盟《どうめい》を持ちかけられて末の妹の菊姫《きくひめ》を嫁《とつ》がせ、その代わりに謙信が蓄《たくわ》えていた膨大《ぼうだい》な金銀を受け取り、武田軍の立て直しをはかり……。

その三年後。勝頼は信玄の悲願であった上洛《じょうらく》を果たそうと、「長篠《ながしの》の戦い」（天正《てんしょう》三年／一五七五年）で織田信長《おだのぶなが》に戦いを挑《いど》みました。

が、有名な「鉄砲《てっぽう》の三段《だん》撃ち」の前に、無敵《むてき》を誇《ほこ》った武田騎馬軍団《きばぐんだん》は敗退。

その後、武田の衰退《すいたい》は歯止めがきかず、最後は次姉・見性院《けんしょういん》の夫で家臣《かしん》の穴山梅雪《あなやまばいせつ》（信《のぶ》君《きみ》）に裏切《うらぎ》られ、勝頼は天目山《てんもくざん》で嫡男《ちゃくなん》の信勝《のぶかつ》、継室《けいしつ》の北条《ほうじょう》夫人とともに自害《じがい》します。

これにより、二十代続いた甲斐《かい》の名門・武田家は滅亡《めつぼう》しました。

「甲駿相《こうすんそう》三国同盟《どうめい》」について

「日米和親条約《じょうやく》」などと同じように、自身の国名が先につくものなので、「武田信玄《たけだしんげん》」の物語では「甲斐《かい》」が先にきていますが、このあとの「今川義元《いまがわよしもと》」と「北条氏康《ほうじょううじやす》」では、それぞれ「駿河《するが》」、「相模《さがみ》」が先になるよう記述してあります。

戦国《せんごく》時代、二国間の同盟はよくあった話ですが、三国が結んだ例は珍しいです。

甲斐、駿河、相模はそれぞれ国境《くにざかい》を接《せっ》する隣国《りんごく》同士。昔から戦争というものは、世界中どこでも隣《とな》り合う国同士が領土拡大《りょうどかくだい》を

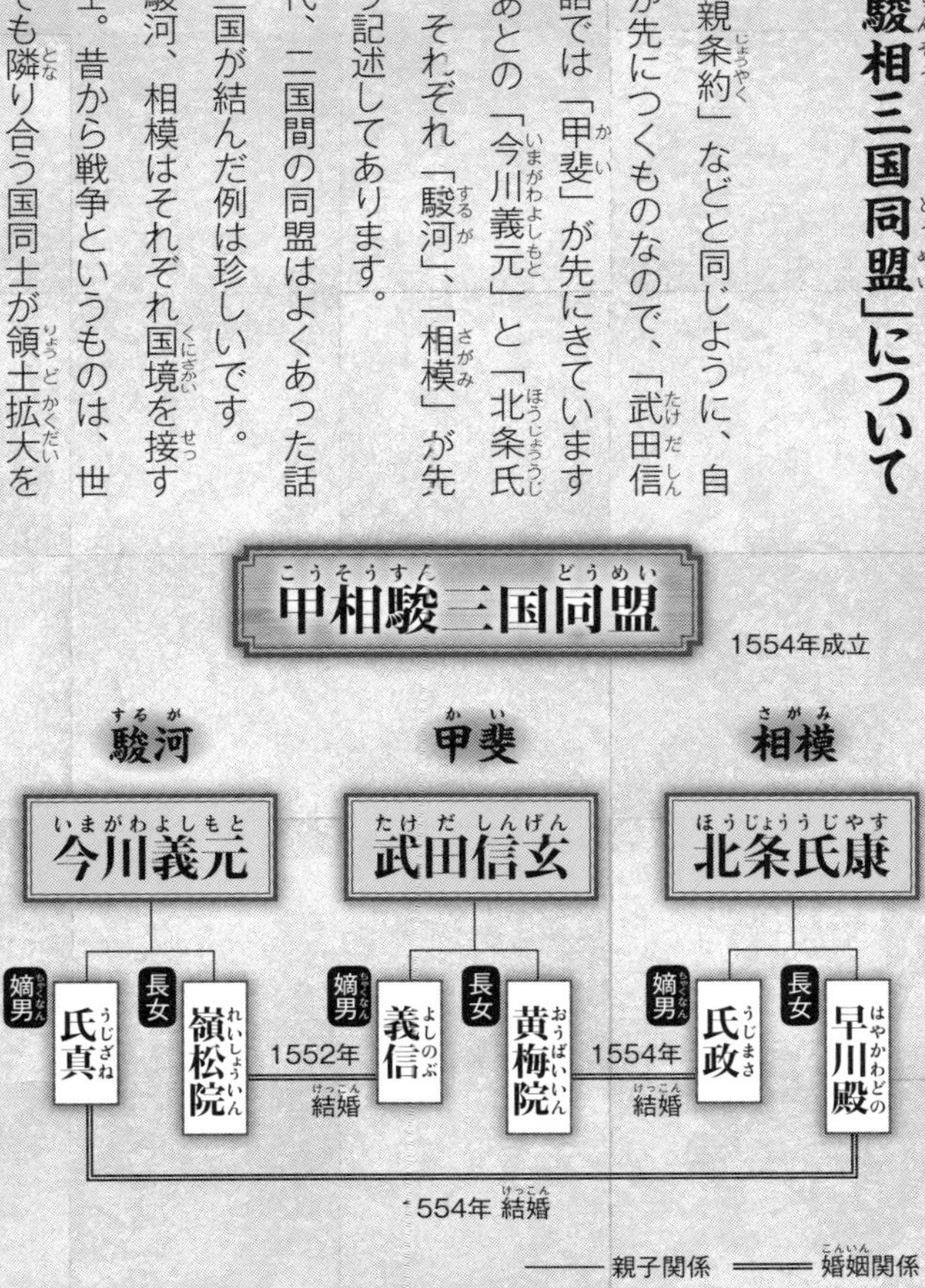

狙《ねら》ってぶつかり合う例が多く、戦国《せんごく》時代の日本も同じことでした。

敵《てき》同士だった国が同盟《どうめい》を結ぶ場合、そう簡単《かんたん》に裏切《うらぎ》られたり破棄《はき》されたりしないよう、それぞれの子ども同士を結婚《けっこん》させ、絆《きずな》を固くする必要がありました。

信玄《しんげん》の場合は、嫡男《ちゃくなん》の「義信《よしのぶ》」に義元《よしもと》の娘《むすめ》「嶺松院《れいしょういん》」（自身にとっても血のつながった姪《めい》）をもらい、長女の「黄梅院《おうばいいん》」を「北条氏政《ほうじょううじまさ》」のもとに嫁《とつ》がせました。

甲斐《かい》、相模《さがみ》、駿河《するが》の三国が縁戚《えんせき》関係となることで、それぞれの敵――信玄《しんげん》の場合は越後《えちご》の「上杉謙信《うえすぎけんしん》」との戦いに集中できるようになったのです。

幸いなことに、政略《せいりゃく》結婚にもかかわらず、この三組の夫婦《ふうふ》はそれぞれ非常に仲睦《なかむつ》まじかったようですが、同盟の破綻《はたん》で離縁《りえん》にまで至《いた》らなかったのは、義元の嫡男《ちゃくなん》「今川氏真《いまがわうじざね》」と氏康《うじやす》の長女「早川殿《はやかわどの》」だけでした。

武将《ぶしょう》ファイル

武田信玄編《たけだしんげん》

武田信虎《たけだのぶとら》(1494-1574)

信玄《しんげん》の父。甲斐国《かいのくに》の基盤《きばん》は信虎の代で固まった。追放された駿河《するが》まで側室《そくしつ》が甲斐より赴《おもむ》き、子をもうけている。今川義元《いまがわよしもと》の死後は上洛《じょうらく》し、第13代将軍《しょうぐん》・足利《あしかが》義輝《よしてる》の御相伴衆《おしょうばんしゅう》になったが、義輝暗殺後、出家。一生、甲斐に戻《もど》ることはなく、信玄より長生きした。

武田信繁《たけだのぶしげ》(1525-1561)

信虎《のぶとら》の次男で信玄《しんげん》の弟。幼名《ようみょう》は次郎《じろう》。朝廷《ちょうてい》からもらった官位《かんい》が「左馬助《さまのすけ》」で「左馬助」の唐名《からな》が「典厩《てんきゅう》」だったため、「典厩信繁」と呼《よ》ばれていた。彼《かれ》の菩提《ぼだい》寺の典厩寺は今でも長野県長野市にある。第四次「川中島《かわなかじま》の戦い」で壮絶《そうぜつ》な死を遂《と》げる。優秀《ゆうしゅう》な武将《ぶしょう》と知られ、真田幸村《さなだゆきむら》（本名は信繁）の名前は、この信繁にちなんでつけられたという説もあり。

武田信廉《たけだのぶかつ》(?-1582)

信虎《のぶとら》の三男で信玄《しんげん》の弟。幼名《ようみょう》は孫六《まごろく》。兄弟《きょうだい》の中でいちばん信玄に顔が似《に》ていたため、影武者《かげむしゃ》を務めていた。絵が得意で、彼《かれ》の描いた「武田信虎像」「大《おお》井夫人《いふじん》像」は現在《げんざい》、どちらも国の重要文化財《ぶんかざい》に指定されている。

武田義信《たけだよしのぶ》(1538-1567)

信玄《しんげん》の嫡男《ちゃくなん》。幼名《ようみょう》は太郎《たろう》。父・信玄に背《そむ》いて妻《つま》の実家である今川《いまがわ》と結ぼうと考えたが、それが発覚して幽閉《ゆうへい》される。のち、自害《じがい》。優秀《ゆうしゅう》な義信を疎《うと》んじて信玄が死に追いやったという説もある。

武田勝頼《たけだかつより》(1546-1582)

信玄《しんげん》の四男。母は諏訪《すわ》氏の娘《むすめ》（諏訪御料人《ごりょうにん》）。「長篠《ながしの》の戦い」で信長《のぶなが》・家康《いえやす》連合軍に大敗。「天目山《てんもくざん》の戦い」で自害《じがい》。戦国大名《せんごくだいみょう》としての武田家は彼《かれ》の代で滅《めつ》亡《ぼう》した。

板垣信方《いたがきのぶかた》(?-1548)

信玄《しんげん》の守役《もりやく》。諏訪《すわ》攻略《こうりゃく》では中心的な役割《やくわり》を果たす。「上田原《うえだはら》の戦い」で討《う》ち死《じ》にした。

甘利虎泰《あまりとらやす》(?-1548)

信虎《のぶとら》以来の武田《たけだ》家の重臣《じゅうしん》。「上田原《うえだはら》の戦い」で討《う》ち死《じ》にした。

飯富虎昌《おぶとらまさ》(?-1565)

「武田《たけだ》の赤備《あかぞな》え」の祖《そ》。武田家滅亡《めつぼう》後は家康《いえやす》の命《めい》で井伊直政《いいなおまさ》が受《う》け継《つ》ぎ、「井伊の赤備え」として敵将《てきしょう》たちに怖《おそ》れられた。

山本勘助《やまもとかんすけ》(1500?-1561)

駿河《するが》出身。隻眼《せきがん》で片足《かたあし》が悪かった。第四次「川中島《かわなかじま》の戦い」では作戦の失敗に責任《せきにん》を感じ、敵陣《てきじん》に突《つ》っ込《こ》み、奮戦《ふんせん》するも討《う》ち取《と》られる。「山勘《やまかん》」(勘を頼《たよ》りに成功を狙《ねら》うこと)という言葉は彼《かれ》が由来だという説もある。

高坂弾正《こうさかだんじょう》(1527-1578)

高坂弾正は俗称《ぞくしょう》。歴史書では「高坂昌信《まさのぶ》」または「春日虎綱《かすがとらつな》」の名で記される。信玄《しんげん》の小姓《こしょう》から重臣《じゅうしん》になった。軍記物として名高い「甲陽軍鑑《こうようぐんかん》」の著者《ちょしゃ》。信玄が弾正に宛《あ》てた恋文《こいぶみ》が残っていることから、男色《だんしょく》の相手だったという説がある。

真田幸隆《さなだゆきたか》(1513-1574)

武田《たけだ》は仇敵《きゅうてき》だったが、信玄《しんげん》に仕官《しかん》する。調略《ちょうりゃく》に長《た》け、二度目の戸石城《といしじょう》攻め《ぜ》で活躍《かつやく》。真田六文銭《さなだろくもんせん》の祖《そ》。「大坂《おおさか》夏の陣《じん》」で家康《いえやす》を追《お》い詰《つ》めた真田幸村《ゆきむら》は彼《かれ》の孫。

穴山梅雪《あなやまばいせつ》(1541-1582)

信玄《しんげん》の甥《おい》で重臣《じゅうしん》。妻《つま》は信玄の娘《むすめ》・見性院《けんしょういん》。信玄の家督《かとく》を継《つ》いだ勝頼《かつより》とは不仲で、家康《いえやす》を通じ織田《おだ》に寝返《ねがえ》った。

足利義昭《あしかがよしあき》(1537-1597)

出家していたが、兄の義輝《よしてる》が暗殺され、還俗《げんぞく》。信長《のぶなが》の力を借りて、室町幕府《むろまちばくふ》第15代将軍《しょうぐん》となるも、京《きょう》を追放され、幕府は滅亡《めつぼう》。最後の将軍となる。毛利《もうり》に身を寄《よ》せつつ、各地の武将に「打倒《だとう》信長」を促《うなが》し「信長包囲網《ほういもう》」を形成。

姫《ひめ》ファイル

武田信玄編《たけだしんげん》

大井夫人《おおいふじん》(1497-1552)

武田信虎《たけだのぶとら》の正室《せいしつ》で信玄《しんげん》、信繁《のぶしげ》、信廉《のぶかど》の母。武田と敵対《てきたい》していた大井家から同盟《どうめい》の証《あかし》として嫁《とつ》いできた。「上田原《うえだはら》の戦い」の際《さい》、信玄に兵を退《ひ》くよう諌《いさ》める書状《しょじょう》を書いている。

扇谷上杉朝興《おうぎがやつうえすぎともおき》の娘《むすめ》(?-1534)

信玄《しんげん》の最初の妻《つま》。難産《なんざん》で死亡《しぼう》。信玄とは仲が良かったと伝わっている。

三条《さんじょう》の方《かた》(1521-1570)

信玄《しんげん》の継室《けいしつ》。京《きょう》の公家《くげ》・三条公頼《きんより》の娘《むすめ》。妹は本願寺顕如《ほんがんじけんにょ》の正室《せいしつ》。この縁戚《えんせき》関係を利用し、信玄は顕如に越中《えっちゅう》の一向一揆《いっこういっき》をあおらせ、謙信《けんしん》を苦しめた。

黄梅院《おうばいいん》(1543-1569)

信玄《しんげん》に溺愛《できあい》された長女。北条氏政《ほうじょううじまさ》に嫁《とつ》ぐときの婚礼《こんれい》行列は1万人。彼女《かのじょ》が妊娠《にんしん》したとき、信玄は安産祈願《きがん》の願文《がんもん》を書いた。氏政とは非常に仲が良かったらしいが、甲相同盟《こうそうどうめい》の破綻《はたん》により離縁《りえん》され、甲斐《かい》に戻《もど》される。失意のうちに27歳《さい》で世を去り、信玄は彼女を弔《とむら》うため、「黄梅院」という寺を建てた。

見性院《けんしょういん》(? -1622)

信玄《しんげん》の次女で穴山梅雪《あなやまばいせつ》の妻《つま》。家康《いえやす》に保護《ほご》され、江戸幕府《えどばくふ》第2代将軍《しょうぐん》・秀忠《ひでただ》の侍女《じじょ》・お静《しず》の世話をし、彼女《かのじょ》が産んだ子・保科正之《ほしなまさゆき》を養育。正之は第3代将軍・家光《いえみつ》の重臣《じゅうしん》となった。

遠山姫《とおやまひめ》(1553？-1567)

信玄《しんげん》の四男・勝頼《かつより》の正室《せいしつ》。信長《のぶなが》の姪《めい》で養女。織田《おだ》と武田《たけだ》の同盟《どうめい》のため嫁《とつ》いできた。嫡男《ちゃくなん》の信勝《のぶかつ》を産んだが、難産《なんざん》のために死去。

松姫《まつひめ》(1561-1616)

信玄《しんげん》の五女。遠山姫《とおやまひめ》が亡《な》くなったあと、織田《おだ》との同盟《どうめい》のため、信長《のぶなが》の嫡男《ちゃくなん》・奇《き》妙丸《みょうまる》（のちの信忠《のぶただ》）と婚約《こんやく》。が、のちに同盟が破綻《はたん》し、婚約も破棄《はき》される。武《たけ》田《だ》家滅亡《めつぼう》後は、尼《あま》となり、一族の菩提《ぼだい》を弔《とむら》った。彼女《かのじょ》が庵《いおり》を結んだ「信松院《しんしょういん》」は今でも東京都八王子《はちおうじ》市にある。

北条夫人《ほうじょうふじん》(1564-1582)

北条との同盟《どうめい》により、勝頼《かつより》の継室《けいしつ》となる。勝頼とは、とても仲睦《むつ》まじかったという。「風林火山」の旗の字を書いた恵林寺《えりんじ》の快川和尚《かいせんおしょう》は、彼女《かのじょ》を「淑女《しゅくじょ》」と称《たた》えた。「天目山《てんもくざん》の戦い」で勝頼とともに自害《じがい》。19歳《さい》の若《わか》さだった。

今川義元《いまがわよしもと》

——海道一の弓取りと呼《よ》ばれた駿河《するが》の大大名《だいだいみょう》——

今川義元《いまがわよしもと》 年表

1519年（永正《えいしょう》16年）	今川氏親《うじちか》の五男として駿河《するが》に生まれる（1歳《さい》）
1523年（大永《だいえい》3年）	寺に預けられ、太原雪斎《たいげんせっさい》の教育を受ける（5歳）
1536年（天文《てんぶん》5年）	花倉《はなくら》の乱《らん》に勝利。家督《かとく》を継《つ》ぐ（18歳）
1537年（天文6年）	第一次河東一乱《かとういちらん》（19歳）
1548年（天文17年）	第二次小豆坂《あずきざか》の戦い（30歳）
1554年（天文23年）	駿甲相《すんそうこう》三国同盟《どうめい》が完成（36歳）
1555年（弘治《こうじ》元年）	第二次川中島《かわなかじま》の戦いで仲介《ちゅうかい》役となる（37歳）
1560年（永禄《えいろく》3年）	桶狭間《おけはざま》の戦いで死す（42歳）

今川義元《いまがわよしもと》 関係図《かんけいず》

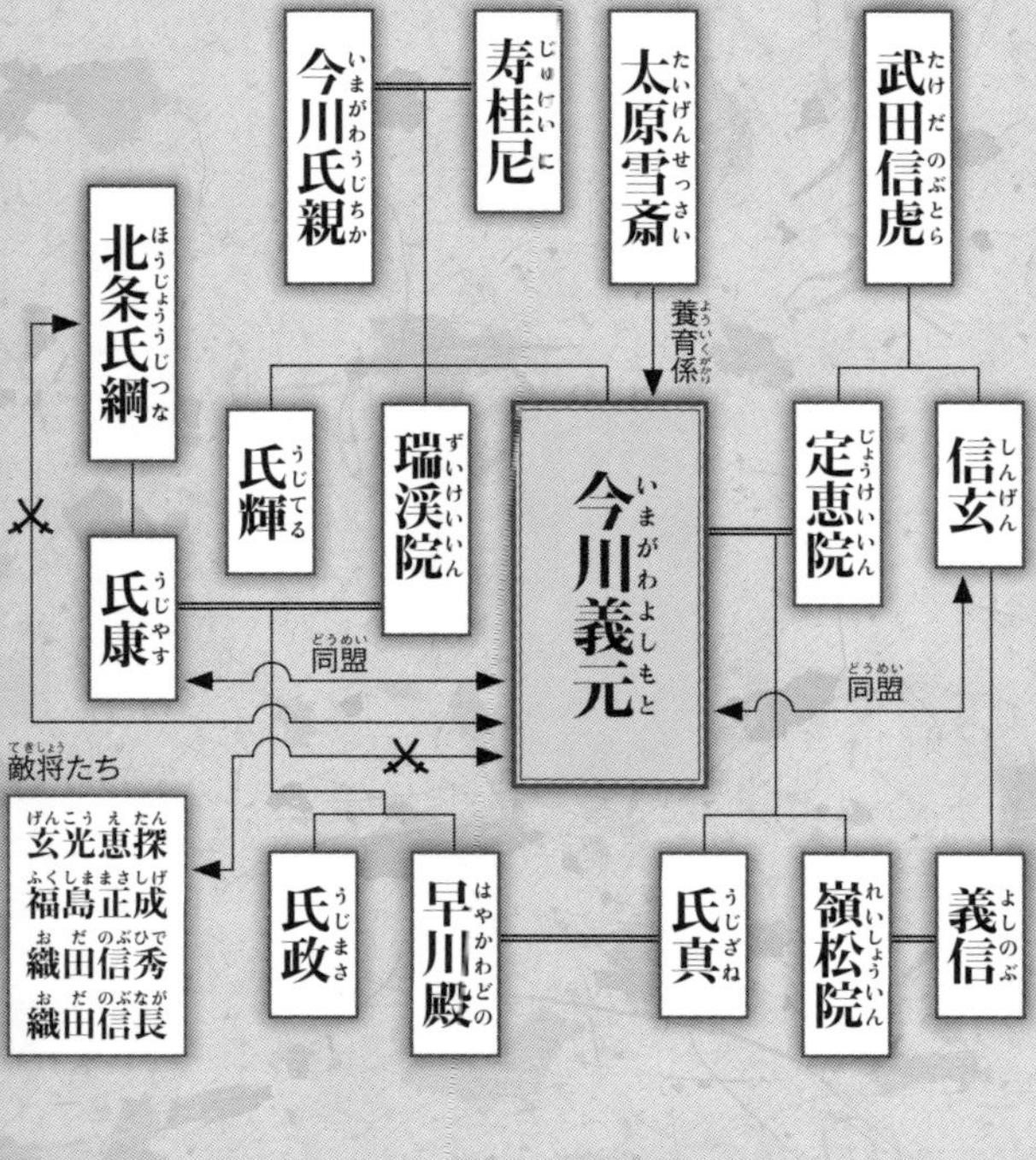

一　花倉《はなくら》の乱《らん》

——天文《てんぶん》五年（一五三六年）——

天文四年（一五三五年）。

京《きょう》で修行《しゅぎょう》していた栴岳承芳《せんがくしょうほう》は、教育係の九英承菊《きゅうえいしょうぎく》とともに、生まれ故郷《こきょう》、駿河《するが》に呼《よ》び戻《もど》された。

栴岳承芳は、この年、十七歳《さい》。

三年ぶりの故郷である。

「氏輝《うじてる》様は武田《たけだ》と戦うのに、芳菊丸《ほうぎくまる》様のお力を必要となさっているのですな」

承菊の言葉に、

「芳菊丸と呼ぶのはやめろ」

もう子どもではない、とばかりに承芳は顔をしかめた。

承芳は、今は亡《な》き駿河の守護《しゅご》・今川氏親《いまがわうじちか》の五男で、幼名《ようみょう》を芳菊丸といった。

この時代、嫡男《ちゃくなん》以外の男子は、出家させられるのが常《つね》。

というわけで、父・氏親亡《うじちかな》きあとは、長男・氏輝《うじてる》が今川《いまがわ》家の家督《かとく》を継《つ》いでいたのだが――。

「兄上は身体《からだ》が弱い。弟としてそれを支《ささ》えるのは、当然の務《つと》めだ。が、もう少し京《きょう》にいたかった……」

承芳《しょうほう》は雄大《ゆうだい》な富士《ふじ》を眺《なが》めながら、ため息をついた。

京にいる間、承芳は和歌や連歌《れんが》、茶の湯などをたしなみ、修行《しゅぎょう》よりもそちらにのめりこんでいることが多々あったのだ。

「母を同じくする芳菊《ほうぎく》……いえ、承芳様がおそばにいたほうが、氏輝様はなにかと心強いのでしょう」

「そのうちまた、京へ行くこともあろう。今川と北条《ほうじょう》がともに戦えば、武田《たけだ》などひとひねりだろうし」

承芳が言ったとおり、その年、隣国《りんごく》・甲斐《かい》の武田信虎《のぶとら》が駿河《するが》を攻《せ》めてき、今川・北条の連合軍がこれを打《う》ち破《やぶ》ったのだが――。

翌年《よくとし》、事態《じたい》は急変した。

兄・氏輝《うじてる》が急死したのである。

すぐに行動を起こしたのは、氏輝と承芳《しょうほう》の母――寿桂尼《じゅけいに》であった。

「芳菊丸《ほうぎくまる》や、こうなれば、そちが今川《いまがわ》を継《つ》ぐがよかろう」

寿桂尼は先代・氏親《うじちか》の正室《せいしつ》で、京《きょう》の公家《くげ》・中御門《なかみかど》家出身の姫《ひめ》だ。氏親の晩年《ばんねん》、病《やまい》に伏《ふ》した夫を支《ささ》え、分国法《ぶんこくほう》「今川仮名目録《いまがわかなもくろく》」の制定《せいてい》にまで関わった才女である。

長男・氏輝が家督《かとく》を継いだとき、まだ十四歳《さい》だったため、数年にわたり今川家の政治に関わったという背景《はいけい》もあり、寿桂尼は絶対の自信を持って承芳を跡目《あとめ》に据《す》えようと動きだしたのだ。

「しかし、私の上には兄がふたりおりますが――」

氏輝には子がないので、後継者《こうけいしゃ》にはその弟が立つのが道理。

が、今、承芳が言ったように、彼《かれ》の上には三男の玄広恵探《げんこうえたん》、四男の象耳泉奘《しょうにせんしょう》がいる。

「恵探も泉奘も、側室腹《そくしつばら》の子。そちが継ぐのが筋《すじ》というものぞ」

実際《じっさい》、寿桂尼の行動は早かった。

室町幕府《むろまちばくふ》第十二代将軍《しょうぐん》・足利義晴《あしかがよしはる》に、すぐさま承芳が家督を継ぐことを認《みと》めてほしい旨《むね》、願い出たのだ。

正室《せいしつ》の子である承芳《しょうほう》が今川家《いまがわ》を継《つ》ぐ。

誰《だれ》もが納得《なっとく》すると思われたが、これに異《い》を唱《とな》える者が現《あらわ》れた。

今川家の重臣《じゅうしん》・福島正成《ふくしままさしげ》である。

正成の娘《むすめ》が氏親《うじちか》の側室《そくしつ》で、氏親の三男・玄広恵探《げんこうえたん》を産んでいるのだ。

「長男、次男も今は亡《な》いとなれば、家督《かとく》は三男が継ぐが筋《すじ》というものだ！」

こうして、今川家の家督争《あらそ》いが勃発《ぼっぱつ》。駿府《すんぷ》は緊張状態《きんちょうじょうたい》になった。

「戦《いくさ》など無用のはず！　私《わたし》が行って説得してきます」

五月二十四日。寿桂尼《じゅけいに》が自ら福島正成に会いに行った。

「先日、幕府《ばくふ》から承芳が駿河《するが》の守護《しゅご》となるよう任命書が送られてきました。すでに幕府からも認《みと》められていることです。お引きなさい」

しかし、正成は引き下がらなかった。

孫の恵探が家督を継ぐことにこだわったのである。

翌日《よくじつ》――。玄広恵探の軍が駿府の今川館《やかた》を攻《せ》めてきた。

が、今川館《いまがわやかた》の守りは固く、襲撃《しゅうげき》に失敗。

恵探《えたん》は花倉城《はなくらじょう》に立てこもった。

承芳《しょうほう》の軍は、六月十日にこれを攻《せ》め、花倉城は落城。城《しろ》を脱《だっ》した恵探は逃《に》げ込《こ》んだ寺で自害《じがい》した。

のちに「花倉の乱《らん》」と呼《よ》ばれる家督争《かとくあらそ》いに、終止符《しゅうしふ》が打たれたのである。

「五男である芳菊《ほうぎく》……いえ、承芳様が家督を継《つ》ぐことになるとは──。十三年前、ともに富士《ふじ》の善得寺《ぜんとくじ》に入ったときには思いもしませんでしたぞ」

「承菊《しょうぎく》、そちもご苦労だった。さすが亡《な》き父上が見込んだ男だ」

承菊が京《きょう》で修行《しゅぎょう》していたとき、その優秀《ゆうしゅう》さを聞きつけた氏親《うじちか》が、当時五歳《さい》だった芳《ほう》菊丸《ぎくまる》の「教育を任《まか》せたい」と願い、駿河《するが》に呼《よ》び寄《よ》せたのだ。

承菊は今回の乱では、福島《ふくしま》側についていた重臣《じゅうしん》らを承芳側に抱《だ》き込《こ》むなどし、その優秀さを発揮《はっき》したのである。

こうして、今川家の家督を継いだ承菊は還俗《げんぞく》し、名を「義元《よしもと》」と改めた。足利義晴《あしかがよしはる》から一字もらい、この名になったのである。

義元《よしもと》を支《ささ》えるため、承菊《しょうぎく》も名を太原雪《たいげんせっ》斎《さい》とした。

「義元様、この先もずっとお仕《つか》え致《いた》しまする」

「うむ。頼《たよ》りにしているぞ、雪斎。今川《いまがわ》家は足利将軍《あしかがしょうぐん》家に連なる名門。甲斐《かい》の武田《たけだ》、相模《さがみ》の北条《ほうじょう》などに負けぬ強い国を、この義元が作ってみせる」

義元は雄大《ゆうだい》な富士《ふじ》を眺《なが》めた。

富士は一年前に駿河《するが》に戻《もど》ってきたときと変わらず、天高くそびえ、裾野《すその》を優美《ゆうび》に広げている。

今川義元、十八歳《さい》の夏であった。

❖義元《よしもと》の母は女傑《じょけつ》だった

「女戦国大名《おんなせんごくだいみょう》」として知られる義元の母・寿桂尼《じゅけいに》。彼女《かのじょ》は病弱だった夫・氏親《うじちか》を補佐《ほさ》し、若《わか》くして跡《あと》を継《つ》いだ息子《むすこ》・氏輝《うじてる》を支《ささ》えて政務《せいむ》を執《と》り行《おこな》っていたので、こう呼《よ》ばれるようになりましたが、もとは公家《くげ》のお姫様《ひめさま》です。

室町幕府末期《むろまちばくふまっき》、衰退《すいたい》した公家が経済的《けいざいてき》な援助《えんじょ》等を期待し、娘《むすめ》を各地の武将《ぶしょう》のもとに嫁《とつ》がせる例が多く見られるようになりました。これは武将にとってもおいしい話で、公家との縁を結ぶことが一種のステータスだったのです。

今川家《いまがわけ》にとって幸いだったのは、寿桂尼がただのお姫様ではなかったことでしょう。彼女《かのじょ》のおかげで家督《かとく》を継《つ》いだ義元はその後、今川家の全盛期《ぜんせいき》を築《きず》き上《あ》げます。

彼女は義元が「桶狭間《おけはざま》の戦い」で没《ぼっ》した八年後に亡《な》くなりましたが、「死しても今川の守護《しゅご》たらん」と今川館《やかた》の鬼門《きもん》にあたる寺に自身を葬《ほうむ》るよう遺言《ゆいごん》したそうです。

死んだあとも今川家を守ろうとした彼女の思いが、強く伝わってくる話ですね。

二　駿甲相三国同盟《すんこうそうこくどうめい》が成立する
——天文《てんぶん》二十三年（一五五四年）——

「花倉の乱《はなくららん》」を制《せい》した翌年《よくとし》の天文六年（一五三七年）、義元《よしもと》は武田信虎《たけだのぶとら》の娘《むすめ》（定恵院《じょうけいいん》）と結婚《けっこん》し、甲斐《かい》と同盟を結んだ。

「兄の代までは武田と敵対《てきたい》していたが、この先は違《ちが》う」

しかし、これは東の隣国《りんごく》・相模《さがみ》の北条氏綱《ほうじょううじつな》の怒《いか》りを買った。

「共通の敵である武田と手を結ぶとは……今川《いまがわ》め、我《わ》が父・早雲《そううん》の恩《おん》を忘《わす》れたか！」

義元の祖母《そぼ》は、北条早雲の妹にあたる。その昔、義元の父・氏親《うじちか》が無事に今川家の家督《かとく》を継《つ》いだ背景《はいけい》には、早雲の働きが大きかったのだ。

氏綱は自ら軍を率《ひき》いて、駿河《するが》東部に攻《せ》めてきた。

今川軍は当然、迎《むか》え討《う》ったが、奮戦《ふんせん》むなしく北条に、河東《かとう》と呼《よ》ばれる富士川《ふじがわ》より東の地域《ちいき》を奪《うば》われてしまった。同盟を結んだばかりの武田が援軍《えんぐん》を送ってきたが、領地《りょうち》を奪還《だっかん》するまでには至《いた》らなかった。

のちに「河東一乱《かとういちらん》」と呼《よ》ばれるこの戦《いくさ》は、まだ若い義元《よしもと》にとって苦《にが》い経験《けいけん》となった。

家督《かとく》を継《つ》いで間もない義元には、今川《いまがわ》を束《たば》ねる力がまだ欠けていたのである。

「今は家中をまとめるのが肝要《かんよう》。河東はいずれ必ず取《と》り戻《もど》す」

そうして、義元は母・寿桂尼《じゅけいに》や軍師《ぐんし》・太原雪斎《たいげんせっさい》の力を借り、領国《りょうごく》をまとめるのに力を尽《つ》くした。

そうした中で、義元は三河《みかわ》の松平広忠《まつだいらひろただ》を助け、東への進出を企《たくら》む尾張《おわり》の織田信秀《おだのぶひで》とにらみ合うようになった。

「これ以上、織田の侵攻《しんこう》を許《ゆる》してはならぬ！」

天文《てんぶん》十一年（一五四二年）、夏。

義元は大軍を率《ひき》いて自ら出陣《しゅつじん》し、小豆坂《あずきざか》にて織田信秀の軍と激突《げきとつ》した。

が――またも負け戦を味わうこととなった。

(私《わたし》は戦に向いていないのか……？)

しかし、義元は焦《あせ》らず、じっくりと力をつけていくことを考えた。

そうして、天文十四年（一五四五年）。

北条《ほうじょう》と戦い、ついに河東《かとう》一帯を取《と》り戻《もど》すことに成功。

続いて、天文《てんぶん》十七年（一五四八年）春。ふたたび「小豆坂《あずきざか》の戦い」が起こり、宿《しゅく》敵《てき》・織田信秀《おだのぶひで》を破《やぶ》った。

しかし、今川《いまがわ》軍を率《ひき》いていたのは、義元《よしもと》ではない。

義元はもっとも信頼《しんらい》している太原雪斎《たいげんせっさい》に、軍を任《まか》せたのである。

「よくやってくれた、雪斎。本当なら、織田と直接《ちょくせつ》戦いたかったが――」

「それでいいのですよ、義元様。大将《たいしょう》は奥《おく》でどっしりと構《かま》えているもの。しかし、大将の指揮《しき》なくして軍は動きませぬ。此度《こたび》の勝利は義元様の采配《さいはい》あってのことでございます」

そうして、この戦《いくさ》を制《せい》した今川が三河《みかわ》を支配下《しはいか》に置くことになり、義元は駿河《するが》・遠《とお》江《うみ》・三河の三国を統《す》べる大大名《だいだいみょう》となったのである。

天文《てんぶん》十九年（一五五〇年）、武田信虎《たけだのぶとら》の娘《むすめ》である義元《よしもと》の妻《つま》（定恵院《じょうけいいん》）が亡《な》くなった。妻の死は悲しかったが、武田《たけだ》との同盟《どうめい》が弱まることを懸念《けねん》した義元は、九年前に父・信虎《のぶとら》を駿河《するが》に追放し、家督《かとく》を継《つ》いでいた武田晴信《はるのぶ》（のちの信玄《しんげん》）と改めて同盟を組むことにし、娘《むすめ》（嶺松院《れいしょういん》）を晴信の長男・義信《よしのぶ》に嫁《とつ》がせた。

翌年《よくとし》には、晴信の長女（黄梅院《おうばいいん》）が北条氏康《ほうじょううじやす》の息子《むすこ》・氏政《うじまさ》に、その翌年には、北条氏康の長女（早川殿《はやかわどの》）が義元の息子・氏真《うじざね》に嫁ぎ――。ここに駿河・甲斐《かい》・相模《さがみ》の三国による同盟が完成した。

これにより、今川《いまがわ》は尾張《おわり》の織田《おだ》、武田は越後《えちご》の上杉《うえすぎ》、北条は関東の支配《しはい》に集中することができるようになった。それぞれ背後《はいご》から攻《せ》め入《い》れられる心配が、これでなくなったからである。

この同盟の成立は、太原雪斎《たいげんせっさい》の働きによるところが大きかった。

雪斎の発案で各国の重臣《じゅうしん》たちが話し合いを重ね……そうして、なんと駿河の善得寺《ぜんとくじ》にて、三者による会談が行われるに至《いた》ったのである。

「ほう、ここが義元殿《どの》が修行《しゅぎょう》されていたという寺か」

「さよう、五つのときから九年、ここにおりました」

氏康《うじやす》のつぶやきに義元《よしもと》が答えると、晴信《はるのぶ》がそっと訊《き》いてきた。

「義元殿《どの》、父上は息災《そくさい》ですか」

「ええ、妻《つま》が亡《な》くなったときは、とても沈《しず》んでおられたが……。妻も最期《さいご》は義父上《ちちうえ》に看取《みと》ってもらえて幸せだったと思いまする」

「そうですか……。父上は姉上をかわいがっていたから――」

晴信は複雑《ふくざつ》な顔でうつむいたが、父に会いたいとは決して言わなかった。

すると、氏康がからかうように晴信を見た。

「娘《むすめ》をかわいがっていたという点では、晴信殿も負けてないですな。うちの氏政《うじまさ》に娘を嫁《とつ》がせたときの行列ときたら、それはもう豪華《ごうか》で。溺愛《できあい》ぶりが伝わってきましたぞ」

「む、娘は息災ですか」

「ええ、氏政と仲睦《なかむつ》まじくやっております」

「晴信殿、ご自身の娘を案じるのはわかるが、義信《よしのぶ》殿に嫁いだ私の娘もかわいがってやってくださいよ」

義元《よしもと》はにこやかにそう言ってから、改めて外の景色《けしき》に目をやった。

「ところで、どうですかな、晴信殿《はるのぶどの》。駿河《するが》から見る表《おもて》の富士《ふじ》は」

青い空を背《せ》に、雄大《ゆうだい》な富士が見える。

それはため息をつくほど、素晴《すば》らしい景色ではあったが――。

問われた晴信は、すぐさま眉《まゆ》を吊《つ》り上《あ》げた。

「表？　甲斐《かい》の富士は裏《うら》富士だと言いたいのか。山に表も裏もあるか」

「そうだ、山に表も裏もない。小田原《おだわら》から見る富士は脇腹《わきばら》だとでも言いたいのか」

晴信と氏康《うじやす》はムッと顔をしかめた。

自身の国から日本一の富士が見える――という点では、それぞれ誇《ほこ》りを持っているのだ。

そんなふたりに、義元は笑って言った。

「さよう、富士には表も裏もなし。では、同じ富士を仰《あお》ぎ見る国の者同士、我《われ》らも表裏なく付き合っていきましょうぞ」

「なるほど……」

「そういうことか」

義元《よしもと》の言葉に、晴信《はるのぶ》と氏康《うじやす》は納得《なっとく》し、ニヤリと笑った。

「我々《われわれ》の子どもたちのためにも、末永く平穏《へいおん》を保ちたいですな」

「この先、裏切《うらぎ》りや抜《ぬ》けがけがないことを祈《いの》りまする」

「ここは寺――神仏の前で嘘《うそ》はつけませぬ。腹《はら》を割《わ》って話し合いましょうぞ」

こうして会談は無事に終わり、晴信は甲斐《かい》へ、氏康は相模《さがみ》へと戻《もど》っていった。

しかし、この三国同盟《どうめい》は六年後――皮肉にも義元の死によって、崩《くず》れていくこととなる――……。

❖名軍師《めいぐんし》・太原雪斎《たいげんせっさい》

戦国時代《せんごくじだい》、「黒田官兵衛《くろだかんべえ》」や「山本勘助《やまもとかんすけ》」のように軍師として名を馳《は》せた武将《ぶしょう》は何人もいますが、義元《よしもと》に仕《つか》えた「太原雪斎」もそのひとりです。

雪斎は義元が五歳《さい》のときから教育係を務《つと》め、その一生を義元に捧《ささ》げました。雪斎は学問だけでなく兵法も修《おさ》めていたので、義元は中国の兵法や戦《いくさ》の心得《こころえ》なども彼《かれ》から学んでいたのです。

「駿甲相三国同盟《すんこうそうどうめい》」の立役者《たてやくしゃ》として活躍《かつやく》した雪斎は、善得寺《ぜんとくじ》で今川《いまがわ》義元・武田信玄《たけだしんげん》・北条《ほうじょう》氏康《うじやす》の会見を仕組んだとも言われていますが、真偽《しんぎ》のほどはわかりません。

この同盟が完成する五年前。義元は三河《みかわ》の松平《まつだいら》家から人質《ひとじち》として送られてきた嫡男《ちゃくなん》の竹千代《たけちよ》（のちの徳川家康《とくがわいえやす》）の教育係として雪斎をつけました。

江戸幕府《えどばくふ》を開き、太平の世を導いた家康。家康が大成したのは、雪斎から受けた教えのおかげもあったのですね。

三　桶狭間《おけはざま》の戦いにて死す
――永禄《えいろく》三年（一五六〇年）――

善得寺《ぜんとくじ》での会談の翌年《よくとし》、義元《よしもと》は川中島《かわなかじま》で上杉景虎《うえすぎかげとら》と対峙《たいじ》している武田晴信《たけだはるのぶ》へ援軍《えんぐん》を差し向けた。

武田対上杉の川中島での戦いは、これで二度目。因縁《いんねん》の対決とも呼《よ》べるこの戦いは、膠着状態《こうちゃくじょうたい》に陥《おち》り、二百日以上に及《およ》ぶにらみ合いのあと、義元の仲介《ちゅうかい》で両軍が引くことになった。

そして、この年の秋、義元にとって悲しい別れがあった。幼《おさな》い頃《ころ》からずっと見守ってくれていた、太原雪斎《たいげんせっさい》が亡《な》くなったのである。

（雪斎……そちにはずいぶんと助けられた。しかし、私《わたし》ももう三十七。この先はそちがいなくとも立派《りっぱ》にやっていってみせる）

それから、二年後の弘治《こうじ》三年（一五五七年）、義元は嫡男《ちゃくなん》の氏真《うじざね》に家督《かとく》を譲《ゆず》った。

今川《いまがわ》家の本拠地《ほんきょち》である駿河《するが》を氏真に任《まか》せ、自身は遠江《とおとうみ》と三河《みかわ》の支配《しはい》、そして、尾張《おわり》の織田《おだ》への侵攻《しんこう》を進めるためである。

すでに宿敵《しゅくてき》・織田信秀《のぶひで》は亡《な》く、「大うつけ」として知られる嫡男《ちゃくなん》の信長《のぶなが》が、織田家を継《つ》いでいた。

そうして、永禄《えいろく》三年（一五六〇年）五月十一日。

明日《あす》は尾張《おわり》へ向けて出陣《しゅつじん》という夜、義元《よしもと》は奇妙《きみょう》な夢を見た。

『此度《こたび》の出陣はやめたほうがいい……』

夢の中でそう告《つ》げたのは、「花倉《はなくら》の乱《らん》」にて滅《ほろ》んだ異母兄《いぼけい》・玄広恵探《げんこうえたん》であった。

そのせいで、義元は翌朝《よくあさ》、なんとも気分悪く目覚めた。

（兄上がなぜ……）

しかし、その兄は昔、義元を滅ぼそうと攻《せ》めてきた人間である。

（ただの夢だ。真に受けることはない）

二万五千の大軍を率《ひき》い、義元は駿府《すんぷ》を出発した。

義元は輿《こし》に乗っていた。輿での出陣は、室町幕府《むろまちばくふ》に許《ゆる》された特権《とっけん》だ。今川《いまがわ》は足利将《あしかがしょう》軍《ぐん》家と縁《ゆかり》のある由緒《ゆいしょ》ある家柄《いえがら》――それを誇示《こじ》するために、輿に乗って出たのである。

(尾張《おわり》のうつけなど、ひとひねりにしてくれる)

そうして、花倉《はなくら》のあたりに差《さ》し掛《か》かったときだった。

「あ、あれは……！」

急に不穏《ふおん》な声を上げた義元《よしもと》に、近くにいた家臣《かしん》が「いかがなさいましたか？」と心配そうに輿《こし》を仰《あお》ぎ見《み》た。

「い、いや、なんでもない……」

義元は首を振《ふ》り、息をついた。

(今、一瞬《いっしゅん》、兄上を見たような気がしたが……やはり気のせいか)

先ほど、義元が青ざめたのは、行く手を阻《はば》むように玄広恵探《げんこうえたん》の幽霊《ゆうれい》が立っていたのを見た――いや、見えた気がしたからである。

(なにゆえ、兄上は邪魔《じゃま》をしようとするのだ。私《わたし》が今川《いまがわ》家をここまで盛《も》り立《た》てたのが、そんなに許《ゆる》せないのか)

なにやら不吉な予感がしたが、それを振《ふ》り払《はら》い、義元は進軍を続け――十八日に三河《みかわ》の国境《くにざかい》に近い沓掛城《くつかけじょう》に入った。

「大高城《おおだかじょう》に兵糧《ひょうろう》を運び入れるよう、元康《もとやす》に伝えろ」

（信長《のぶなが》め、今頃《いまごろ》、焦《あせ》っているに違《ちが》いない。信秀《のぶひで》には一度煮《に》え湯《ゆ》を飲まされたが、私《わたし》はその信秀を破《やぶ》っている。雪斎《せっさい》はもういないが……うつけなど、この義元《よしもと》の相手ではないわ）


翌朝《よくあさ》——。

義元は上機嫌《じょうきげん》だった。

元康が丸根砦《まるねとりで》を陥《お》としたという報《ほう》が入ったからである。

「やはり、今川《いまがわ》は強い！」

「殿《との》、向かうところ敵《てき》なしですな！」

「うむ。我《わ》が義元の戈先《ほこさき》には、天魔鬼神《てんまきじん》も忍《しの》べからず！」

沓掛城《くつかけじょう》を出て西へ向かっていると、雨が降《ふ》ってきた。

ちょうど昼時ということもあり、義元《よしもと》は兵たちに休憩《きゅうけい》を命じた。

「この大雨では織田《おだ》は動くまい」

そうして、雨が止んでから進軍を開始した直後――。

「織田が……織田が攻《せ》めてきました！」

「なんだと!?」

信じられないことに、信長《のぶなが》率《ひき》いる織田軍が眼前《がんぜん》に迫《せま》っていたのである。

輿《こし》を見つけるなり、信長が叫《さけ》んだ。

「あれが義元だ！　かかれ！」

織田の若武者《わかむしゃ》たちが一斉《いっせい》に向かってき、今川《いまがわ》の兵たちも「あれが信長か！」と果敢《かかん》に斬《き》りかかっていく。

雨上がりの桶狭間《おけはざま》は、あっという間に血しぶきの飛ぶ、乱戦状態《らんせんじょうたい》となった。

「殿《との》、ここはお引きください！」

「う……うむ！」

義元は輿を捨《す》て、素早《すばや》く馬に乗った。義元を守るため、三百もの騎馬兵《きばへい》たちが義元を押《お》し包《つつ》むように囲《かこ》み、移動《いどう》を始める。
けれど、織田《おだ》の猛攻《もうこう》に、それはやがて五十ほどに減《へ》っていき――。
(信長《のぶなが》め……うつけだと思って油断《ゆだん》した。兄上は私《わたし》を止めてくれていたのだな)
しかし、時すでに遅《おそ》し。
駿府《すんぷ》に引き返すのは、もう無理だ。
馬を下りた義元《よしもと》はぬかるむ地面を走った。
(この私が泥《どろ》の中を走るはめになるとは――)
織田の兵が義元を追いつめ、じりじりと囲みを狭《せば》めてくる。
「おのれ、信長め！」
義元は愛刀「左文字《さもんじ》」を抜《ぬ》き放《はな》った。

その後の今川《いまがわ》家

奮戦《ふんせん》の上、義元《よしもと》が首を取られ――今川軍は壊滅《かいめつ》。これにより名を上げた信長《のぶなが》が天下統一《とういつ》という夢に向かって走りだしたのは、「〈疾《はやて》〉の巻《まき》」で見たとおりです。

義元の首は織田《おだ》方に持っていかれたので、今川方は胴《どう》を駿府《すんぷ》に運び、葬儀《そうぎ》を行いました。その後、清須城《きよすじょう》で首実検《くびじっけん》を経《へ》た首が今川に戻《もど》されました。これは今川の家臣《かしん》・岡部元信《おかべもとのぶ》という武将《ぶしょう》が「義元公の首を返してもらうまでは」と籠城《ろうじょう》を続け、その忠義《ちゅうぎ》に打たれた信長が元信に義元の首を渡《わた》したからです。

さて、すでに息子《むすこ》の氏真《うじざね》が家督《かとく》を継《つ》いでいたとはいえ、義元という偉大《いだい》な人物を失った今川家は衰退《すいたい》の一途《いっと》をたどっていきます。

松平元信《まつだいらもとのぶ》（のちの徳川家康《とくがわいえやす》）は妻《つま》が義元の姪《めい》だったのにもかかわらず、さっさと今川を裏《うら》切《ぎ》って織田に寝返《ねがえ》り、清須で同盟《どうめい》を結びました。

今川と長らく同盟関係にあった武田信玄《たけだしんげん》は嫡男《ちゃくなん》・義信《よしのぶ》と義元の娘《むすめ》（嶺松院《れいしょういん》）を離縁《りえん》させ、

事実上、駿甲同盟《すんこうどうめい》は解消《かいしょう》。その後、信玄《しんげん》は義信《よしのぶ》を廃嫡《はいちゃく》。四男の勝頼《かつより》に家督《かとく》を継《つ》がせることにして、織田《おだ》の姫《ひめ》を嫁《よめ》に迎《むか》えて織田と同盟を結び、今川《いまがわ》への侵攻《しんこう》を開始します。

戦《いくさ》に敗《やぶ》れた氏真《うじざね》は、命は落とさなかったものの返り咲くことはなく……ここに戦国大名《せんごくだいみょう》としての今川家は滅《ほろ》びました。

氏真は父・義元と同じく風流人だったようで、「信長《のぶなが》の前で蹴鞠《けまり》を披露《ひろう》した」という記述が「信長公記《しんちょうこうき》」にあります。

父の仇《かたき》である男の前で蹴鞠をしてみせる──その心境《しんきょう》はいったいどんなものだったのでしょうね。

❖お名前いただきます

今川義元《いまがわよしもと》は室町幕府《むろまちばくふ》第十二代将軍《しょうぐん》・足利義晴《あしかがよしはる》から一字もらって「義元」となりました。これを「偏諱《へんき》」といいます。当時、大名《だいみょう》は将軍から名前の一文字をもらって名を改めるというのが、一種のステータスでした。この場合、下の字をもらうことが多いのですが、義元は足利家に代々伝わる「諱《いみな》」である上の字「義」をもらっています。

今川家は足利家に縁《ゆかり》のある由緒《ゆいしょ》ある家柄《いえがら》。それもあったかもしれませんが、実は高いお金を出して名前を買ったのです。この頃《ころ》、将軍の権勢《けんせい》は衰《おとろ》えていたので、足利家はお金に困《こま》っていました。けれど、腐《くさ》っても将軍。名前の威光《いこう》だけは輝《かがや》いていたわけで……ちなみに上の字と下の字ではお値段《ねだん》が違《ちが》っていて、当然、上のほうが高いです。

義元のように義晴から名前をもらった武将《ぶしょう》に、武田信玄《たけだしんげん》（晴信《はるのぶ》）がいます。こちらは下の字をもらったわけですが……。そう思って改めて見ると、今川家のほうがお金をたくさん出したというのがわかって、おもしろいですよね。

武将《ぶしょう》ファイル

今川義元《いまがわよしもと》編

今川氏親《いまがわうじちか》(1471-1526)

義元《よしもと》の父。氏親の母·北川殿《きたがわどの》は北条早雲《そううん》の妹。氏親が駿河《するが》の守護《しゅご》になれたのは、早雲のおかげ。晩年《ばんねん》は寝《ね》たきりになり、正室《せいしつ》の寿桂尼《じゅけいに》が政《まつりごと》に携《たずさ》わった。

今川氏輝《いまがわうじてる》(1513-1536)

氏親《うじちか》の嫡男《ちゃくなん》で義元《よしもと》の長兄《ちょうけい》。14歳《さい》で家督《かとく》を継《つ》ぐが、母の寿桂尼《じゅけいに》が後見として支《ささ》えた。病弱だったといわれ、24歳の若《わか》さで死去。

今川氏真《いまがわうじざね》(1538-1614)

義元《よしもと》の嫡男《ちゃくなん》。父・義元の死後、大国を支《ささ》え切れず、戦国大名《せんごくだいみょう》としての今川家は彼《かれ》の代で滅亡《めつぼう》。最後は家康《いえやす》の保護《ほご》を受け、江戸《えど》で死去したと伝わる。

太原雪斎《たいげんせっさい》(1496-1555)

今川義元《いまがわよしもと》の名軍師《めいぐんし》として名高く「黒衣《こくい》の宰相《さいしょう》」とも呼《よ》ばれている。義元を子どもの頃《ころ》から支《ささ》え、「花倉《はなくら》の乱《らん》」では調略《ちょうりゃく》を駆使《くし》し、義元を勝利へと導いた。彼《かれ》が生きていたら、「桶狭間《おけはざま》の戦い」で義元が敗《やぶ》れることはなかったかもしれない——と言われている。

福島正成《ふくしままさしげ》(1492？-1521)

今川《いまがわ》家重臣《じゅうしん》。「花倉《はなくら》の乱《らん》」で義元《よしもと》と争った氏親《うじちか》の三男・玄広恵探《げんこうえたん》は彼《かれ》の孫。

足利義晴《あしかがよしはる》(1511-1550)

室町幕府《むろまちばくふ》第12代将軍《しょうぐん》。何度も京《きょう》を離《はな》れることになった流浪《るろう》の将軍《しょうぐん》。偏諱《へんき》を受けた武将《ぶしょう》は多く、「今川義元《いまがわよしもと》」「武田晴信《たけだはるのぶ》(信玄《しんげん》)」「長尾晴景《ながおはるかげ》(謙信《けんしん》の長兄《ちょうけい》)」「大内義隆《おおうちよしたか》」「伊達晴宗《だてはるむね》(政宗《まさむね》の祖父《そふ》)」などがいる。

織田信秀《おだのぶひで》(1511?-1552)

尾張《おわり》の守護代《しゅごだい》の家老《かろう》の家から成り上がった戦国大名《せんごくだいみょう》。信長《のぶなが》の父。「小豆坂《あずきざか》の戦い」で義元《よしもと》と戦う。

織田信長《おだのぶなが》(1534-1582)

「大うつけ」と呼《よ》ばれていたため、義元《よしもと》はこの若造《わかぞう》を侮《あなど》っていた。「桶狭間《おけはざま》の戦い」で義元を討《う》ち、全国に名を轟《とどろ》かせる。

松平元康《まつだいらもとやす》(1542-1616)

のちの徳川家康《とくがわいえやす》。三河《みかわ》の小大名《しょうだいみょう》・松平広忠《ひろただ》の嫡男《ちゃくなん》。幼少《ようしょう》の頃《ころ》に今川《いまがわ》家に人質《ひとじち》となり、今川家に身を寄《よ》せていた祖母《そぼ》・華陽院《けよういん》に育てられ、太原雪斎《たいげんせっさい》の教育を受けた。義元《よしもと》の死後、今川を離《はな》れ信長《のぶなが》と清須《きよす》で同盟《どうめい》を結ぶ。彼《かれ》の正室《せいしつ》は義元の姪《めい》の「築山殿《つきやまどの》」(瀬名姫《せなひめ》)。

姫《ひめ》ファイル

今川義元編《いまがわよしもと》

寿桂尼《じゅけいに》(?-1568)

京《きょう》の公家《くげ》・中御門《なかみかど》家の姫《ひめ》。義元《よしもと》が京文化に傾倒《けいとう》したのは、彼女《かのじょ》の影響《えいきょう》だと言われている。病弱な夫と長男を支《ささ》え、「今川仮名目録《いまがわかなもくろく》」の制定に携《たずさ》わったことなどから「女戦国大名《せんごくだいみょう》」と呼《よ》ばれる。

定恵院《じょうけいいん》(1519-1550)

武田信玄《たけだしんげん》の同母姉《どうぼし》で今川義元《いまがわよしもと》の正室《せいしつ》。嫡男《ちゃくなん》の氏真《うじざね》を産む。32 歳《さい》の若《わか》さで亡《な》くなった。

嶺松院《れいしょういん》(?-1612)

義元《よしもと》と定恵院《じょうけいいん》の娘《むすめ》で、信玄《しんげん》の長男·義信《よしのぶ》に嫁《とつ》ぐ。これはいとこ同士の結婚《けっこん》だった。義信が父・信玄と対立したのち、自害《じがい》すると駿河《するが》に戻《もど》された。

北条氏康《ほうじょううじやす》

――相模《さがみ》の獅子《しし》と謳《うた》われた北条の三代目――

北条氏康《ほうじょううじやす》 年表

1515年（永正《えいしょう》12年）	相模国小田原《さがみのくにおだわら》に生まれる（1歳《さい》）
1530年（享禄《きょうろく》3年）	小沢原《おざわはら》の戦いにて初陣《ういじん》を果たす（16歳）
1541年（天文《てんぶん》10年）	北条家の家督《かとく》を継《つ》ぐ（27歳）
1546年（天文15年）	河越夜戦《かわごえよいくさ》（32歳）
1554年（天文23年）	相駿甲《そうすんこう》三国同盟《どうめい》が完成する（40歳）
1561年（永禄《えいろく》4年）	対上杉謙信《うえすぎけんしん》・小田原城《おだわらじょう》籠城戦《ろうじょうせん》（47歳）
1569年（永禄12年）	対武田信玄《たけだしんげん》・小田原城籠城戦（55歳）
1571年（元亀《げんき》2年）	小田原城にて死去（57歳）

北条氏康《ほうじょううじやす》 関係図《かんけいず》

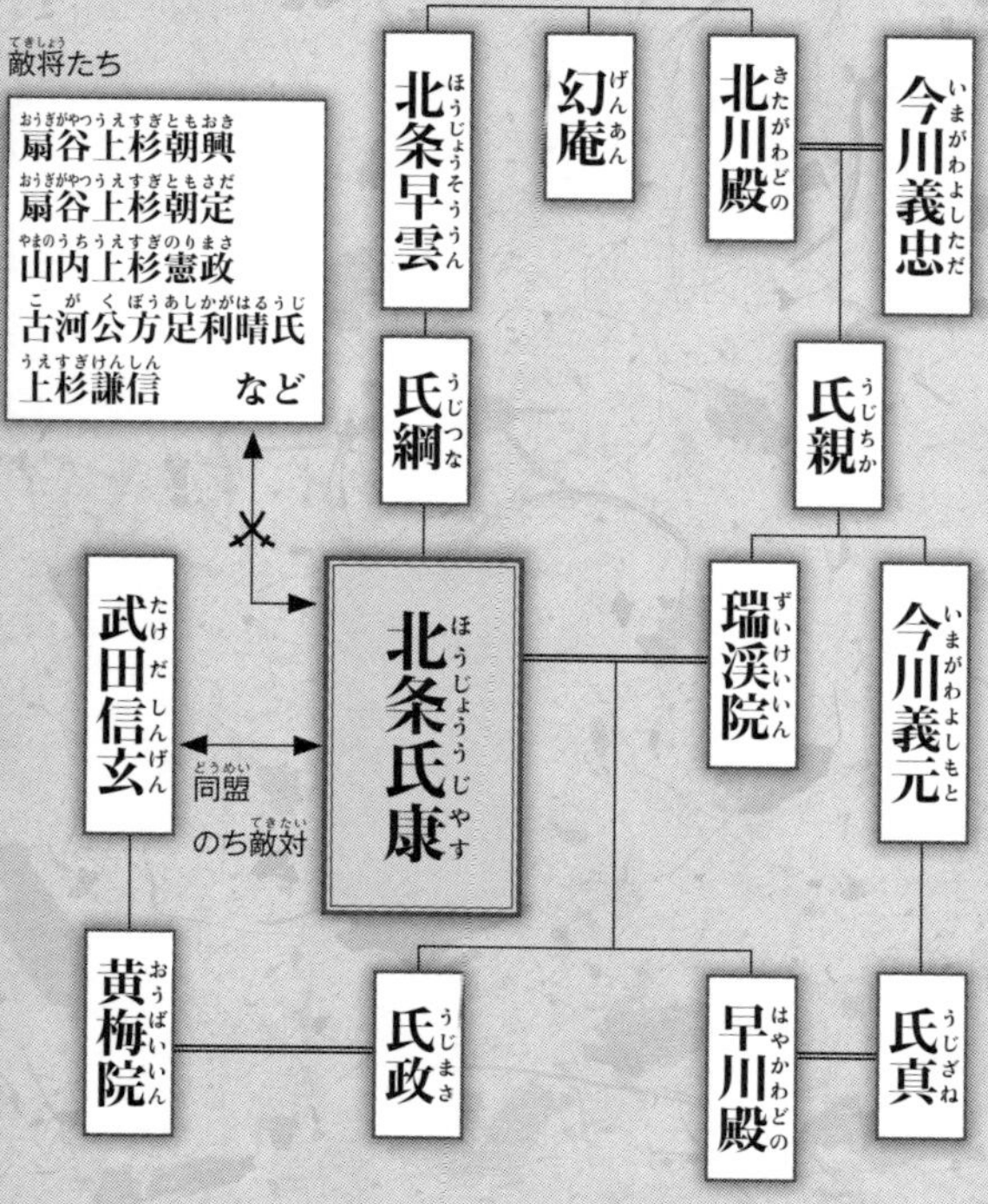

一　氏康《うじやす》、初陣《ういじん》にて快勝す

――享禄《きょうろく》三年（一五三〇年）――

武蔵野国《むさしのくに》・小沢城砦《おざわじょうとりで》――。

ここはかつて、鎌倉幕府《かまくらばくふ》を開いた源 頼朝《みなもとのよりとも》の御家人《ごけにん》・稲毛三郎重成《いなげさぶろうしげなり》が築《きず》いた城《しろ》があったところである。多摩川《たまがわ》に近い小高い山の上にあり、北西から北東に広がる関東平野が見渡《みわた》せる、実にながめのいい場所だ。

夏の陽射《ひざ》しが強く照りつける中、物見台《ものみだい》の跡《あと》に立ったひとりの若武者《わかむしゃ》が、じっと北西の方向をにらんでいた。

（必ず、上杉《うえすぎ》軍をここで食い止めてみせる――）

眼下《がんか》に見ゆるは、多摩川に沿《そ》って伸《の》びる、長く広い河畔《かはん》の平地。

この立地の良さから、このあたりは昔からしばしば戦場となってきた。

元弘《げんこう》三年（一三三三年）に鎌倉幕府を滅《ほろ》ぼした新田義貞《にったよしさだ》と幕府軍が激突《げきとつ》したのは、ここから北西にある分倍河原《ぶばいがわら》。

そして、永正元年《えいせい》（一五〇四年）九月には、山内上杉氏《やまのうちうえすぎ》討伐《とうばつ》のため北条早雲《ほうじょうそううん》（伊勢《いせ》宗瑞《そうずい》）と今川氏親《いまがわうじちか》が「立河原《たちかわのはら》の戦い」へと赴《おもむ》き、勝利した。

いわば、このあたりは関東平野の北と南の勢力《せいりょく》がぶつかり合う、軍事上の最終防衛《ぼうえい》線《せん》にあたるのである。

「氏康《うじやす》様、眉間《みけん》にしわが寄《よ》っておりますぞ」

そうささやいたのは、そばに控《ひか》えていた乳母子《めのとご》の清水小太郎《しみずこたろう》だった。

名を呼《よ》ばれた若武者《わかむしゃ》——北条氏康は十六歳《さい》。

相模国《さがみのくに》・小田原《おだわら》を拠点《きょてん》とする北条氏綱《うじつな》の嫡男《ちゃくなん》で、昨年末に元服《げんぶく》したばかり。

これからはじまる戦《いくさ》が初陣《ういじん》となれば、表情《ひょうじょう》が険《けわ》しくなるのも仕方ないが——。

「暑さのせいだ。断《だん》じて怖気《おじけ》づいているわけではない」

「さようで……」

「ああ、そうだ」

氏康は額《ひたい》の汗《あせ》を拭《ぬぐ》った。

（この暑さの中、いつまでもここにいては士気が下がる。上杉軍はまだか）

先ほど言ったとおり、氏康《うじやす》は怖気《おじけ》づいているのではなく、むしろ逸《はや》る血を抑《おさ》え込《こ》んでいた。

扇谷上杉朝興《おうぎがやつうえすぎともおき》の軍が、かつて氏康の父・氏綱《うじつな》に落とされた江戸城《えどじょう》を奪還《だっかん》すべく河越《かわごえ》城《じょう》を出たという知らせが、小田原《おだわら》に入ったのが数日前。

迫《せま》りくる上杉軍を迎《むか》え討《う》つために、ここ、小沢城砦《おざわじょうとりで》に氏康を布陣《ふじん》させたのは父・氏綱である。

初陣《ういじん》にて大将《たいしょう》を命じられた氏康は小田原を出発してからずっと、身体中《からだじゅう》の血がたぎるのを感じていた。

(早く……早く戦《いくさ》がしたい)

と――そこへ。物見に出ていた兵が戻《もど》ってきた。

「申し上げます！　上杉軍は府中《ふちゅう》の本陣《ほんじん》を出て、こちらに向かっております！」

「うむ、ついに来たか。皆《みな》、用意はいいか！」

「おおーっ」

小太郎《こたろう》以下、二百余《あま》りの兵たちが氏康の声に応《こた》えた。少ない兵ではあるが、皆、腕《うで》の立つ若者《わかもの》ばかりである。

(上杉《うえすぎ》は五百……我《われ》らの倍以上。だが、必ず勝ってみせる!)

「これより、小沢原《おざわがはら》にて上杉軍を迎《むか》え討《う》つ!」

「おおーーっ!」

北条《ほうじょう》軍は氏康《うじやす》の号令のもと、小沢城砦《おざわじょうとりで》から大山が崩《くず》れるような勢《いきお》いで、刀を抜《ぬ》き、小沢原を西から東へと進む上杉軍に突《つ》っ込《こ》んでいく。

「て、敵襲《てきしゅう》!?」

走りながら斬《き》りつけてくる若武者《わかむしゃ》たちに、不意をつかれた上杉軍はたちまち混乱《こんらん》に陥《おちい》った。

北条軍は十字を切るように敵軍《てきぐん》を割《わ》って通り、さらに巴《ともえ》を描《えが》くように敵を追いまわし、東西南北、すべての方向から敵に襲《おそ》いかかる!

そんな中、大将《たいしょう》である氏康も刀を閃《ひらめ》かせ、勇敢《ゆうかん》に戦っていた。

(私《わたし》は臆病者《おくびょうもの》ではない!)

脳裏《のうり》をよぎったのは、氏康が伊豆千代丸《いずちよまる》と呼《よ》ばれていた幼《おさな》いある日ーー。

自分を見る兵たちの冷ややかな目だ。

〝鍛錬《たんれん》の場を見て泣きだすとは〟

〝北条《ほうじょう》家の三代目ともあろう御方《おかた》が……〟

刀や鉄砲《てっぽう》の訓練《くんれん》を見ては泣きだす伊豆千代丸《いずちよまる》を見る目は、皆《みな》、一様にがっかりしていた。

〝若様《わかさま》は臆病者《おくびょうもの》だ〟

（いや、違《ちが》う！　私《わたし》は、かの早雲《そううん》の孫――いずれ北条家を継《つ》ぐ身。私に備《そな》わっているのは大将《たいしょう》の器《うつわ》だと、この戦《いくさ》で証明《しょうめい》してみせる！）


あの日、伊豆千代丸は自分を恥《は》じ、自害《じがい》せんと小刀を抜《ぬ》いた。

「若様《わかさま》！　なりませぬ！」

必死で止めにかかったのは、守役《もりやく》の清水綱吉《しみずつなよし》（小太郎《こたろう》の父）だった。

「良い馬を寝《ね》ずの番としてつないでおくと、不審者《ふしんしゃ》の接近《せっきん》をすぐに察知《さっち》し、いななきます。若様はそれと同じ。人よりも敏感《びんかん》なだけなのです」

「では、やはり私《わたし》は皆《みな》が笑うように臆病者《おくびょうもの》ではないか」

「いえ、違《ちが》います。その年で自分の臆病さを自覚し、恥《は》じて自害《じがい》までなさろうとするその強さ──それはまさしく大将《たいしょう》の器《うつわ》でございます」

人の命を奪《うば》うことはたやすいことではない。それは自分自身の命であればなおのこと。

「武士《ぶし》は命を捨《す》てる覚悟《かくご》を決めねばならぬ時があります。それをまだ教えられずとも若様《わかさま》はすでにわかっておられる……。この綱吉《つなよし》、若様の将来《しょうらい》が楽しみでなりません」

そう言って綱吉は伊豆千代丸《いずちよまる》の手から小

刀を受け取り、鞘《さや》に収めた――。

幼《おさな》き日の出来事を胸《むね》に、氏康《うじやす》は白刃《はくじん》を振《ふ》るい続ける。

(私《わたし》は臆病者《おくびょうもの》ではない！)

「皆《みな》、生きて帰るぞ！　決して死ぬな！」

「はい！」

「必ずや氏康様とともに生きて小田原《おだわら》に帰ります！」

小太郎《こたろう》をはじめ、北条《ほうじょう》軍の兵たちは皆、獅子奮迅《ししふんじん》の働きを見せ――。

日が暮《く》れる頃《ころ》、上杉朝興《うえすぎともおき》はほうほうのていで敗走していった。

「やりましたな、氏康様」

「うむ。皆、よくやった」

しかし、満足そうに笑う氏康の顔には鮮血《せんけつ》が流れていた。

「氏康様、それは!?」

「ただのかすり傷《きず》だ。たいしたことはない」

氏康《うじやす》は笑って、傷口《きずぐち》を拭《ぬぐ》った。
そんな氏康を見て、小太郎《こたろう》は内心唸《うな》った。
（その向こう傷は、向かってくる敵《てき》に対して決して背《せ》を見せなかったという証《あかし》……。
氏康様は父上が思っていた以上の武将《ぶしょう》になられるに違《ちが》いない）
「皆《みな》、引き上げるぞ！　今日は祝《いわ》いだ！」
夕闇《ゆうやみ》の中、北条《ほうじょう》軍は小沢城砦《おざわじょうとりで》に引き上げていく。
「はははは、勝った、勝った、勝ったぞ！」
氏康は込《こ》み上《あ》げてくる勝利の喜びに、腕《うで》を大きく振《ふ》り上《あ》げながら坂を登る。
のちの世、この坂は「勝坂《かちざか》」と呼《よ》ばれるようになった。
時に、享禄《きょうろく》三年（一五三〇年）六月十二日。
多摩川《たまがわ》の河畔《かはん》に夏草が生《お》い茂《しげ》る時季のことであった。

❖勇猛《ゆうもう》な武将《ぶしょう》の証《あかし》・氏康疵《うじやすきず》

氏康はこの「小沢原《おざわがはら》の初陣《ういじん》」以降《いこう》、生涯《しょうがい》で三十六度の戦《いくさ》を経験《けいけん》しましたが、敵《てき》に背《せ》を見せたことは一度もなかったと言われています。

氏康が負《お》った向こう傷《きず》は身体《からだ》に七か所、顔に二か所。向こう傷とは、敵と戦って身体の前面に負った傷のことを指しますので、氏康が自ら刀を持って討《う》って出た数の多さも同時に物語っています。北条《ほうじょう》家の家臣《かしん》や領民《りょうみん》たちは、この向こう傷のことを「氏康疵」と呼《よ》んで、誇《ほこ》りに思っていたとか。

ちなみに、「勝って兜《かぶと》の緒《お》を締《し》めよ」という言葉がありますが、これは氏康の父・氏綱《うじつな》が遺言《ゆいごん》で残した言葉が由来だと言われています。

簡単《かんたん》に言えば「戦に勝ったあとでも油断《ゆだん》せず、身を引《ひ》き締《し》めよ」という意味になりますが、これは戦に果敢《かかん》に挑《いど》む息子《むすこ》を心配した親心だったのかもしれません。

二 河越夜戦《かわごえよいくさ》

——天文《てんぶん》十五年(一五四六年)——

氏康《うじやす》が初陣《ういじん》を飾《かざ》った七年後の天文六年(一五三七年)。

氏綱《うじつな》・氏康親子は河越城攻略《かわごえじょうこうりゃく》に成功。ここが北武蔵《きたむさし》における北条《ほうじょう》の拠点《きょてん》となった。

そして、その四年後。父・氏綱が亡《な》くなり、氏康が二十七歳《さい》で家督《かとく》を継《つ》いだ。

この頃《ころ》の関東は、

小田原《おだわら》の北条氏(早雲《そううん》を祖《そ》とする新興《しんこう》の戦国大名《せんごくだいみょう》)

古河公方足利《こがくぼうあしかが》氏(足利将軍《しょうぐん》家から分かれ、下総古河《しもうさこが》に勢力《せいりょく》を築《きず》いた足利氏の子孫)

関東管領山内上杉《かんとうかんれいやまのうちうえすぎ》氏(関東管領とは、幕府《ばくふ》が関東に置いた鎌倉《かまくら》公方の補佐役《ほさやく》)

扇谷上杉《おうぎがやつうえすぎ》氏(鎌倉公方に仕《つか》え、扇谷を拠点として栄えた上杉氏の子孫)

このように四つの勢力《せいりょく》がひしめき合っている、まさに群雄割拠《ぐんゆうかっきょ》の地であった。

このうち、山内《やまのうち》と扇谷《おうぎがやつ》の両上杉《うえすぎ》氏は、関東管領《かんとうかんれい》になれる同格《どうかく》の家柄《いえがら》であったため、長年の宿敵《しゅくてき》としてにらみ合いを続けていたのだが、ここに早雲《そううん》以来、北条《ほうじょう》氏が関東制《せい》覇《は》に乗りだしてきたため、各地で戦《いくさ》が繰《く》り広《ひろ》げられることとなった。

氏康《うじやす》の初陣《ういじん》「小沢原《おざわがはら》の戦い」も、北条氏が扇谷上杉氏から河越城《かわごえじょう》を奪《うば》ったために起きた攻防戦《こうぼうせん》のひとつである。

氏綱《うじつな》の死が関東中に知《し》れ渡《わた》ると、まず扇谷上杉朝定《ともさだ》が河越城を奪い返そうと動きだした。

「亡《な》き父……朝興《ともおき》の恨《うら》みは私《わたし》が晴らす。河越城を奪い返し、江戸城《えどじょう》も取《と》り戻《もど》す」

氏康はこれを退《しりぞ》け、河越城を守ったが、扇谷上杉氏はなんと長年の宿敵・山内上杉氏に手を結ぶことを持ちかけ、これに呼応《こおう》した山内上杉氏は古河公方足利《こがくぼうあしかが》氏を説得。

ここに、北条氏と対抗《たいこう》する一大勢力が生まれ――。

天文《てんぶん》十四年（一五四五年）九月二十六日。

扇谷上杉氏の悲願である「河越城奪還《だっかん》」を成すため、両上杉氏と古河公方の連合軍が八万の大軍で河越城を取《と》り囲《かこ》んだ。

「城兵《じょうへい》はわずか三千。そのうち、音《ね》を上げて勝手に落ちるだろう」

連合軍は無傷《むきず》で河越城《かわごえじょう》を落とそうと、兵糧攻《ひょうろうぜ》めを決め込《きこ》んだのである。


しかし、この報《しら》せを小田原《おだわら》で聞いた氏康《うじやす》は、すぐに動くことができなかった。

この頃《ころ》、氏康は駿河《するが》の富士川《ふじがわ》より東、河東《かとう》の地をめぐって駿河の大名《だいみょう》・今川義元《いまがわよしもと》と対立していたからである。

氏康が河越へ向かえば、その背後《はいご》を今川に突《つ》かれる恐《おそ》れがあったのだ。

河越城を守るは、義兄弟《ぎきょうだい》・北条綱成《ほうじょうつなしげ》である。

(河越城の者たちを見殺しにはできぬ)

河越城を見捨《みす》てれば、北条の威信《いしん》は地に落ちる。

じりじりと機会を待つ間に、年が明け——。

天文《てんぶん》十五年（一五四六年）三月二十日。不思議な出来事が起きた。

稀《まれ》に見る大亀《おおがめ》が、小田原の浜《はま》に上がったのである。

「大亀が上がるとは、良い兆《きざ》しだ」

知らせを聞いた氏康《うじやす》は、漁師《りょうし》が八人がかりで松原大明神《まつばらだいみょうじん》の池まで運んだという亀《かめ》をさっそく見に出かけた。昔から、こうしためでたい動物が現《あらわ》れるのは、吉兆《きっちょう》であるとされているのだ。

氏康は池のほとりで酒宴《しゅえん》を開き、その後、大亀にも酒を飲ませてふたたび海へと返してやった。

そして、月が変わって四月一日。

氏康は河越城《かわごえじょう》を目指し、八千の兵を率《ひき》いて小田原《おだわら》を発《た》った。

今川《いまがわ》との講和《こうわ》が成り、ようやく背後《はいご》の憂《うれ》いがなくなったからである。

河越を目指す道ゆきで、氏康はなつかしい小沢原《おざわがはら》を通過した。

（初陣《ういじん》のときも兵力差は歴然《れきぜん》だった……此度《こたび》は我《わ》が軍は敵《てき》の十分の一。だが、必ず勝ってみせる）

そうして、多摩川《たまがわ》を越《こ》え、河越《かわごえ》に到着《とうちゃく》した氏康《うじやす》はまず古河公方足利晴氏《こがくぼうあしかがはるうじ》に使者を送った。

「城兵《じょうへい》の命を助けてくださるならば、城《しろ》を明《あ》け渡《わた》し、兵を小田原《おだわら》へ引きまする」

すなわち、和議《わぎ》の申し入れである。

これを、晴氏は鼻で笑った。

「ほっといても落ちる城だ。氏康の申し入れなど聞かずともよいわ」

が、氏康はその後、何度も和議の使者を送った。足利氏だけでなく、両上杉《うえすぎ》氏にも同じように使者を送り、哀願《あいがん》を重ねた。

その上、あちこちで小競《こぜ》り合《あ》いをしては、北条《ほうじょう》軍はすぐ逃《に》げだすということを繰《く》り返《かえ》したため、連合軍側にはすっかり常勝気分が蔓延《まんえん》し、

「氏康はたいしたことないのう」

上杉憲政《のりまさ》に至《いた》っては、油断《ゆだん》しきって酒盛《さかも》りをする始末。

敵中《てきちゅう》に潜《ひそ》ませた乱破《らっぱ》——風魔《ふうま》の者たちからこれらの報告《ほうこく》を聞き、氏康はにやりと笑った。

「これを待っていた。河越城《かわごえじょう》の綱成《つなしげ》にも急ぎ知らせよ！」

籠城中《ろうじょうちゅう》の北条綱成《ほうじょう》に密使《みっし》が飛び、作戦が伝えられた。


そして、二十日の夜――。

奇襲《きしゅう》を前にして、氏康《うじやす》は全軍に命じた。

「敵《てき》を倒《たお》しても首は取るな。首を取っている間にやられるかもしれぬ。縦横《じゅうおう》に駆《か》け巡《めぐ》り、決して一か所には固まるな。松明《たいまつ》は邪魔《じゃま》だ、いらぬ。闇《やみ》の中でも敵味方の区別がつくよう、白い布《ぬの》を巻《ま》くのだ」

氏康は八千の兵を四隊に分け、一隊を後詰《ごづめ》に残し、残る三隊で山内上杉憲政《やまのうちうえすぎのりまさ》の陣《じん》に奇襲《きしゅう》をかけた。

「おおーっ！」

先陣《せんじん》を切って躍《おど》り込《こ》んだのは、鎧兜《よろいかぶと》を脱《ぬ》ぎ捨《す》てた軽装《けいそう》の者たちだ。彼《かれ》らが身軽に立ち回ったため、敵軍《てきぐん》はたちまち混乱《こんらん》に陥《おち》った。

ある者たちは酒を食らい、ある者たちは高いびきをかいて寝入《ねい》っていたところをや

られたのだからたまらない。応戦する余裕《よゆう》もなく逃《に》げていく者も大勢《おおぜい》いた。

山内上杉軍《やまのうちうえすぎ》に続き、北条軍《ほうじょう》は扇谷上杉軍《おうぎがやつうえすぎ》にも斬《き》り込《こ》んだ。

「皆《みな》、決して止まるな！　止まるでない！」

大将《たいしょう》の氏康《うじやす》も刀を抜《ぬ》いて自ら戦陣《せんじん》へ躍《おど》り込《こ》み、獅子《しし》奮迅《ふんじん》の働きを見せたので、否《いや》が応《おう》でも北条軍の士気は高まっていく。

戦いが始まってしばらくした頃《ころ》、城《しろ》の中から綱成《つなしげ》が兵たちを率《ひき》いて出てきた。

「我《われ》らは古河公方足利晴氏《こがくぼうあしかがはるうじ》を討《う》つ！」

そう――氏康が伝えたのは、氏康の軍が両上杉軍を攻《せ》める間、古河公方軍を討つべく綱成に出陣するようにという作戦だったのだ。

氏康の軍が来るものと思いこんでいた古河公方軍は、まったく違《ちが》う方向から攻められて逃《に》げ惑《まど》い、撤退《てったい》していく。

戦いが終わったのは、夜がしらじらと明けてきた頃《ころ》だった。

北条軍の戦死者は百名。

これに対し、連合軍の死者は一万三千を数えた。

しかも、連合軍側は上杉朝定《うえすぎともさだ》が討《う》ち死《じ》にし、上杉憲政《のりまさ》は上野《こうずけ》に逃《に》げ、足利晴氏《あしかがはるうじ》も古《こ》河《が》に逃《に》げ戻《もど》るという有様だった。

「勝って兜《かぶと》の緒《お》を締《し》めよ、とはよく言ったものだ。皆《みな》、亡《な》き父上の言葉を肝《きも》に命じよ。勝ったと思って油断《ゆだん》しているとあのようになるぞ」

氏康《うじやす》は敵《てき》が逃げ去ったあとの、無残な陣《じん》を眺《なが》めて笑った。

倒《たお》れた旗指物《はたさしもの》は踏《ふ》みつけられ、敵《てき》が身に着ける暇《ひま》がなかった証《あかし》に、あちこちに鎧兜《よろいかぶと》が散乱《さんらん》している。

こうして、この「河越夜戦《かわごえよいくさ》」は氏康の武名《ぶめい》を広め、のちの世に「桶狭間《おけはざま》の戦い」（織田信長《おだのぶなが》対今川義元《いまがわよしもと》）「厳島《いつくしま》の戦い」（毛利元就《もうりもとなり》対陶晴賢《すえはるかた》）とともに「日本三大奇襲《きしゅう》戦《せん》」として、長く語《かた》り継《つ》がれることになった。

❖北条五代《ほうじょうごだい》に仕《つか》えた風魔忍者《ふうまにんじゃ》

テレビや漫画《まんが》でおなじみの忍者。戦国時代《せんごくじだい》、彼《かれ》らの呼《よ》び方《かた》は統一《とういつ》されたものではなく、相模《さがみ》は「相州乱破《そうしゅうらっぱ》」、甲斐《かい》は「甲州乱破《こうしゅう》」、越後《えちご》は「軒猿《のきざる》」と呼んでいたようです。

「河越夜戦《かわごえよいくさ》」では、氏康《うじやす》の風魔忍者が活躍《かつやく》し、勝利の一端《いったん》を担《にな》いました。

相模国足柄《あしがら》に拠点《きょてん》を置く風魔は、早雲《そううん》から氏直《うじなお》までの北条五代に仕《つか》え、北条氏の滅亡《めつぼう》後は盗賊《とうぞく》になり果てて、徳川幕府《とくがわばくふ》に成敗《せいばい》されたと言われています。

風魔たちは、敵陣《てきじん》に潜《ひそ》んで諜報《ちょうほう》活動を行い、奇襲《きしゅう》をかけて敵を攪乱《かくらん》するなどし、北条氏に数多くの勝利をもたらしました。

なかでも有名なのは、氏政《うじまさ》・氏直に仕えた風魔一党《とう》の五代目「風魔小太郎《ふうまのこたろう》」です。彼《かれ》は身長二メートルを超《こ》す筋骨隆々《きんこつりゅうりゅう》の大男で、牙《きば》が四本ある鬼《おに》のような形相《ぎょうそう》だったといわれ、武田《たけだ》勝頼《かつより》との戦《いくさ》では彼の攪乱作戦が功《こう》を奏《そう》したと伝わっています。

三 小田原城籠城戦《おだわらじょうろうじょうせん》
――永禄《えいろく》四年（一五六一年）――

天文《てんぶん》二十三年（一五五四年）、氏康《うじやす》は甲斐《かい》の武田《たけだ》、駿河《するが》の今川《いまがわ》と同盟《どうめい》を結んだ。この三国同盟は、主に今川の軍師《ぐんし》・太原雪斎《たいげんせっさい》の働きにより成ったものである。

北条《ほうじょう》は氏康の長女（早川殿《はやかわどの》）を今川義元《よしもと》の嫡男《ちゃくなん》・氏真《うじざね》の嫁《よめ》に出し、武田晴信《たけだはるのぶ》の長女（黄梅院《おうばいいん》）を氏康の嫡男・氏政《うじまさ》の嫁に迎《むか》えることになったが、氏康はさらにまだ幼《おさな》い五男・氏規《うじのり》を今川へ人質《ひとじち》に出し、西からの侵攻《しんこう》を憂《うれ》うことなく、関東支配《しはい》に専念《せんねん》できるようになった。

一方、河越夜戦《かわごえよいくさ》に敗《やぶ》れた関東管領山内上杉憲政《かんとうかんれいやまのうちうえすぎのりまさ》は、上野国《こうずけのくに》・平井城《ひらいじょう》に逃《のが》れ、再起《さいき》をはかることにした。

が――これはうまくいかず、離反者《りはんしゃ》が相次ぎ……。

上野国での勢力《せいりょく》を失った上杉憲政は、長尾景虎《ながおかげとら》（のちの上杉謙信《うえすぎけんしん》）を頼《たよ》り、越後《えちご》へと落ちていった。

義《ぎ》に厚い長尾景虎《ながおかげとら》は憲政《のりまさ》を受け入れ、憲政は景虎を養子にして上杉姓《うえすぎせい》を与《あた》え、関東管領《かんとうかんれい》の職《しょく》も譲《ゆず》ると約束した。

こうして、上杉景虎は「関東管領のもとに」、上野《こうずけ》、武蔵《むさし》、相模《さがみ》を取《と》り戻《もど》すべく兵を挙《あ》げた。

「景虎め、武田《たけだ》と川中島《かわなかじま》で戦っていればよいものを――」

関東管領上杉憲政を奉《ほう》じて越後《えちご》から上野に入った景虎は、小田原《おだわら》を目指して南下しつつ北条《ほうじょう》方の城《しろ》を次々と攻《せ》め落《お》とし……途中《とちゅう》で味方についた武将《ぶしょう》たちの兵力を合わせ、永禄《えいろく》四年（一五六一年）の三月に小田原に着いたときには、なんと十一万もの大軍に膨《ふく》れ上《あ》がっていた。

「父上……」

二年前に家督《かとく》を継《つ》いでいた氏政《うじまさ》は、上杉軍の数を聞くなり唸《うな》った。

「このような数が押《お》し寄《よ》せるとは――」

「青い顔をするでない。氏政、おまえならどうする？」

「籠城《ろうじょう》するしかありません。討《う》って出ても、味方の犠牲《ぎせい》を増《ふ》やすだけです」

すると、これを聞いていた氏康《うじやす》の叔父《おじ》・幻庵《げんあん》が、氏康の顔を見た。

「氏康、そちならどうするのだ？　今まで数少ない兵で大軍を何度も打《う》ち破《やぶ》ったそちのこと。やはりいずれ討《う》って出るのか？」

氏康は少し考えてから、こう答えた。

「いいえ、氏政《うじまさ》の言う通り、籠城《ろうじょう》がよいでしょうな。小田原城《おだわらじょう》は堅固《けんご》な城《しろ》。町も畑も抱《かか》え込《こ》んでいますし、飢《う》え死《じ》にすることはない。敵《てき》が飽《あ》きて勝手に引いていくのを待てばよいでしょう」

「うむ。これで北条《ほうじょう》の方針《ほうしん》は決まったな」

こうして、北条は籠城を決《き》め込《こ》み、出陣《しゅつじん》した場合のことを考え、後詰《ごづめ》を頼《たの》みたいと同盟《どうめい》関係にある武田《たけだ》に援軍《えんぐん》を求めた。

「桶狭間《おけはざま》の戦い」にて、尾張《おわり》の織田信長《おだのぶなが》に父・今川義元《いまがわよしもと》を討《う》ち取《と》られた駿河《するが》の今川氏真《うじざね》も、家中の混乱《こんらん》が収まらぬ中にあっても河越城《かわごえじょう》に援軍を差し向けてくれた。

一方、上杉《うえすぎ》軍は大磯《おおいそ》に本陣《ほんじん》を置き、小田原城に幾度《いくど》も攻撃《こうげき》をかけてきた。

が——城はなかなか落ちない。

そんな中、景虎《かげとら》は鎌倉《かまくら》の鶴岡八幡宮《つるがおかはちまんぐう》で正式に「関東管領《かんとうかんれい》」職《しょく》を継《つ》ぐ儀式《ぎしき》を行い、名も義父《ぎふ》の憲政《のりまさ》から一字もらい、「上杉政虎《うえすぎまさとら》」と改めたという話が聞こえてきた。

「関東管領の権威《けんい》など、この北条《ほうじょう》には通じぬわ。それより、腹《はら》が減《へ》っては戦《いくさ》はできぬのではないか？」

氏康《うじやす》が笑ったとおり、上杉軍は兵糧《ひょうろう》不足に陥《おちい》っていた。十一万もの大軍を養いきれなくなったのである。

結局、一か月半に及《およ》んだ籠城戦《ろうじょうせん》の末、上杉軍は兵を引いていった。

これには兵糧不足の他にも、大きな理由があった。上杉の関東攻めの隙《すき》に、武田《たけだ》が川中島《かわなかじま》に海津城《かいづじょう》を築いたので、上杉は川中島での対決に向け、越後《えちご》に戻《もど》って態勢《たいせい》を整えなければならなくなったのだ。

「武田と同盟《どうめい》を結んだ甲斐《かい》がありましたな」

「武勇《ぶゆう》に知略《ちりゃく》……。氏康、そちはわしの父・早雲《そううん》の血をもっとも濃《こ》く引いているようじゃ。氏政にもその気質《きしつ》が受《う》け継《つ》がれているとよいのじゃが――」

幻庵《げんあん》のつぶやきに、氏康は言った。

「私《わたし》の代で北条《ほうじょう》は版図《はんと》を広げ、強くなりました。氏政《うじまさ》はそれを継《つ》ぎ、守っていくのが役目です」

その後の北条氏《ほうじょうし》

上杉謙信《うえすぎけんしん》による関東攻《ぜ》めは何度も行われましたが、北条氏が落ちることはありませんでした。

しかし、同盟《どうめい》相手の武田《たけだ》が今度は敵《てき》になります。今川義元《いまがわよしもと》を失った駿河《するが》を、攻め取る契機《けいき》と見た武田信玄《しんげん》が駿河攻めを開始。今川氏真《うじざね》に嫁《とつ》いでいた氏康《うじやす》の長女（早川殿《はやかわどの》）は裸足《はだし》で逃《に》げだすはめになりました。

愛娘《まなむすめ》をこのような目に遭《あ》わされた氏康は激怒《げきど》し、甲斐《かい》との同盟《どうめい》を破棄《はき》。氏政《うじまさ》と信玄の長女（黄梅院《おうばいいん》）を離縁《りえん》させ、甲斐に送り返しました。

そこで今度は、武田を敵とする上杉と同盟を組むことになり、北条からは人質《ひとじち》として氏康の七男・三郎《さぶろう》を上杉に出しました。この三郎は上杉謙信の養子となり、名もかつて謙信が使っていた名「景虎《かげとら》」と改めます（詳《くわ》しくは「直江兼続《なおえかねつぐ》」で）。

永禄《えいろく》十二年（一五六九年）、小田原城《おだわらじょう》は武田に包囲《ほうい》されますが、これも氏康が籠城戦《ろうじょうせん》を決《き》め込《こ》み、武田《たけだ》は数日で兵を引いていきました。

氏康《うじやす》は元亀《げんき》二年（一五七一年）十月に亡《な》くなりますが、遺言《ゆいごん》の中に「上杉《うえすぎ》と組んだのは間《ま》違《ちが》いだった。ふたたび武田《たけだ》と結べ」とあったそうです。

そうして氏康が亡くなった年の暮《く》れ、北条《ほうじょう》はふたたび武田と同盟《どうめい》を結びました。

時は流れ――。信玄《しんげん》や謙信《けんしん》や信長《のぶなが》が戦国《せんごく》の舞台《ぶたい》から消え去ったあと。

豊臣秀吉《とよとみひでよし》が天下人となり、当然のように北条《ほうじょう》氏にも臣下《しんか》に下るよう言ってきました。

北条氏は徹底抗戦《てっていこうせん》を決め、小田原城《おだわらじょう》にて籠城《ろうじょう》を決め込みます。

小田原城は、かつて上杉謙信や武田信玄に攻《せ》められても決して落ちなかった城《しろ》ですので、籠城戦にはかなりの自信があったのでしょう。

しかし、四か月以上に及《およ》んだ籠城戦の末、秀吉の「一夜城《いちやじょう》」や秀吉の軍師《ぐんし》・黒田官兵衛《くろだかんべえ》の説得などを経《へ》て、ついに開城。

氏政《うじまさ》は切腹《せっぷく》を命じられ、氏政の子・北条氏五代目氏直《うじなお》は妻《つま》の父・徳川家康《とくがわいえやす》の助命嘆願《たんがん》もあり、高野山《こうやさん》に流されますが、三十の若《わか》さで亡くなりました。

戦国大名《せんごくだいみょう》としての北条氏はこれで滅亡《めつぼう》し、秀吉は天下統一《とういつ》を成したのです。

❖早わかり北条《ほうじょう》五代

早雲以降《そううんいこう》、五代百年続いた北条氏。代々の当主を簡単《かんたん》にご紹介《しょうかい》します。

初代「北条早雲」（一四五六〜一五一九）。本名「伊勢盛時《いせもりとき》」。室町幕府《むろまちばくふ》で駿河《するが》の今川《いまがわ》との申次役《もうしつぎやく》をしていたことがきっかけで東国へ下り、戦国大名《せんごくだいみょう》となる。

二代目「北条氏綱《うじつな》」（一四八七〜一五四一）。本拠地《ほんきょち》を小田原《おだわら》に定め、「北条」を名乗る。これは鎌倉幕府《かまくらばくふ》の執権《しっけん》・北条氏にあやかった改名で朝廷《ちょうてい》にも認《みと》められた。

三代目「北条氏康《うじやす》」（一五一五〜一五七一）。政治力にも長《た》け、税制改革《ぜいせいかいかく》などを行う。

四代目「北条氏政《うじまさ》」（一五三八〜一五九〇）。北条氏最大の版図《はんと》を築《きず》いたが、秀吉《ひでよし》に下ることを由《よし》とせず、「小田原攻《ぜ》め」を招《まね》く。開城《かいじょう》後、秀吉に切腹《せっぷく》を申し付けられた。

五代目「北条氏直《うじなお》」（一五六二〜一五九一）。妻《つま》は家康《いえやす》の娘《むすめ》・督姫《とくひめ》。家康との関係を考慮《こうりょ》した秀吉が助命したため、高野山《こうやさん》に送られた。が、まもなく病死し、御家断絶《おいえだんぜつ》。

北条氏は、上方《かみがた》から遠かったため世情《せじょう》に疎《うと》かったのが敗因《はいいん》とも言われています。

武将《ぶしょう》ファイル

北条氏康《ほうじょううじやす》編

北条早雲《ほうじょうそううん》（1432-1519）

氏康《うじやす》の祖父《そふ》で、北条氏の祖《そ》。本名は伊勢守時《いせもりとき》。戦国大名《せんごくだいみょう》の走りと言われている。

北条氏綱《ほうじょううじつな》（1487-1541）

氏康《うじやす》の父。北条氏２代目。彼《かれ》の代から「北条」に姓《せい》を改める。死を前にして氏康に、「侍《さむらい》から農民まで、すべてを慈《いつく》しむように。人に捨《す》てるものなし」「倹約《けんやく》に勤《つと》めよ」などの「五か条の訓戒《くんかい》」を与《あた》えている。

北条幻庵《ほうじょうげんあん》（1493-1589）

早雲《そううん》の息子《むすこ》で氏康《うじやす》の叔父《おじ》。北条５代すべてに仕《つか》えた人物。97歳《さい》で亡《な》くなった。

北条綱成《ほうじょうつなしげ》（1515-1587）

「花倉《はなくら》の乱《らん》」で義元《よしもと》と対立した玄広恵探《げんこうえたん》の息子《むすこ》と言われている。妻《つま》は氏綱《うじつな》の娘《むすめ》。「河越夜戦《かわごえよいくさ》」では長い籠城《ろうじょう》に耐《た》え、氏康《うじやす》とともに勝利を得る。朽葉《くちば》色の地に「八幡《はちまん》」の文字を入れた旗指物《はたさしもの》を使用していたことから「地黄八幡《じおうはちまん》」と呼《よ》ばれた。

北条氏政《ほうじょううじまさ》（1538-1590）

氏康《うじやす》の嫡男《ちゃくなん》で北条氏４代目。妻《つま》は信玄《しんげん》の長女・黄梅院《おうばいいん》。嫡男の氏直《うじなお》（5代目）とともに秀吉《ひでよし》の「小田原攻《おだわらぜ》め」の際《きい》、籠城《ろうじょう》。開城後、秀吉に切腹《せっぷく》を申し付けられる。

扇谷上杉朝興《おうぎがやつうえすぎともおき》（1488-1537）

「小沢原《おざわがはら》の戦い」で氏康《うじやす》に敗《やぶ》れる。北条《ほうじょう》に対抗《たいこう》するべく武田信虎《たけだのぶとら》と同盟《どうめい》を結ぶため、娘《むすめ》を信玄《しんげん》に嫁《とつ》がせたが、生きている間に江戸城奪還《えどじょうだっかん》ならず。

扇谷上杉朝定《おうぎがやつうえすぎともさだ》（1525-1546）

朝興《ともおき》の息子《むすこ》。北条《ほうじょう》に対抗《たいこう》するべく上杉憲政《のりまさ》、今川義元《いまがわよしもと》と組むが「河越夜戦《かわごえよいくさ》」で討《う》ち死《じ》に。これにより、扇谷上杉氏は滅亡《めつぼう》した。

足利晴氏《あしかがはるうじ》（1508-1560）

古河公方《こがくぼう》。上杉憲政《うえすぎのりまさ》と扇谷上杉朝定《おうぎがやつうえすぎともさだ》と連携《れんけい》し、北条氏康《ほうじょううじやす》に敵対《てきたい》するが、「河越《かわごえ》夜戦《よいくさ》」で大敗し、権威失墜《けんいしっつい》。

上杉憲政《うえすぎのりまさ》（1523-1579）

関東管領《かんとうかんれい》。扇谷《おうぎがやつ》上杉朝定《ともさだ》と古河公方足利晴氏《こがくぼうあしかがはるうじ》と組むが、「河越夜戦《かわごえよいくさ》」で大敗。武田信玄《たけだしんげん》とも敵対《てきたい》するが、のちに北条《ほうじょう》に居城《きょじょう》・平井《ひらい》城を追われ、越後《えちご》へ逃《のが》れる。謙信《けんしん》の「小田原城包囲《おだわらじょうほうい》戦」の際《さい》、彼《かれ》を養子とし、関東管領職《かんとうかんれいしょく》も譲《ゆず》る。「御館《おたて》の乱《らん》」のとき、上杉《うえすぎ》景虎（氏康《うじやす》の七男で謙信の養子）を支援《しえん》したが、景虎の嫡《ちゃく》男《なん》・道満丸《どうまんまる》とともに殺された。

姫《ひめ》ファイル

北条氏康編《ほうじょううじやす》

北川殿《きたがわどの》(?-1529)

早雲《そううん》の妹で、今川義忠《いまがわよしただ》の妻《つま》で氏親《うじちか》の母。今川義元《よしもと》は孫にあたる。

瑞渓院《ずいけいいん》(?-1590)

今川氏親《いまがわうじちか》の娘《むすめ》で氏康《うじやす》の妻《つま》。4代目の氏政《うじまさ》、早川殿《はやかわどの》の母。

早川殿《はやかわどの》(?-1613)

「相甲駿三国《そうこうすん》同盟《どうめい》」の際《さい》、今川氏真《いまがわうじざね》に嫁《とつ》いだ氏康《うじやす》の娘《むすめ》。義元《よしもと》の死後、信玄《しんげん》の「駿河《するが》攻め」の際《さい》、裸足《はだし》で逃げ出《に》《だ》すはめになったため、氏康が大激怒《だいげきど》。武田《たけだ》との同盟を破《やぶ》り、越後《えちご》の上杉謙信《うえすぎけんしん》と同盟を結び、彼女《かのじょ》の弟の三郎《さぶろう》（のちの上杉景虎《かげとら》）が上杉に養子に出されることとなった。

上杉謙信《うえすぎけんしん》

——越後《えちご》の龍《りゅう》と呼《よ》ばれた義将《ぎしょう》——

上杉謙信《うえすぎけんしん》 年表

1530年（享禄《きょうろく》3年）	越後《えちご》に生まれる（1歳《さい》）
1536年（天文《てんぶん》5年）	父・為景《ためかげ》の隠居《いんきょ》にともない林泉寺《りんせんじ》に入る（7歳）
1543年（天文12年）	還俗《げんぞく》して名を長尾景虎《ながおかげとら》と改める（14歳）
1548年（天文17年）	家督《かとく》を継《つ》ぎ、越後守護代《しゅごだい》となる（19歳）
1561年（永禄《えいろく》4年）	第四次川中島《かわなかじま》の戦い（32歳）
1577年（天正《てんしょう》5年）	手取川《てどりがわ》の戦いにて織田《おだ》軍を撃退《げきたい》（48歳）
1578年（天正6年）	春日山城《かすがやまじょう》にて死去（49歳）

上杉謙信《うえすぎけんしん》 関係図《かんけいず》

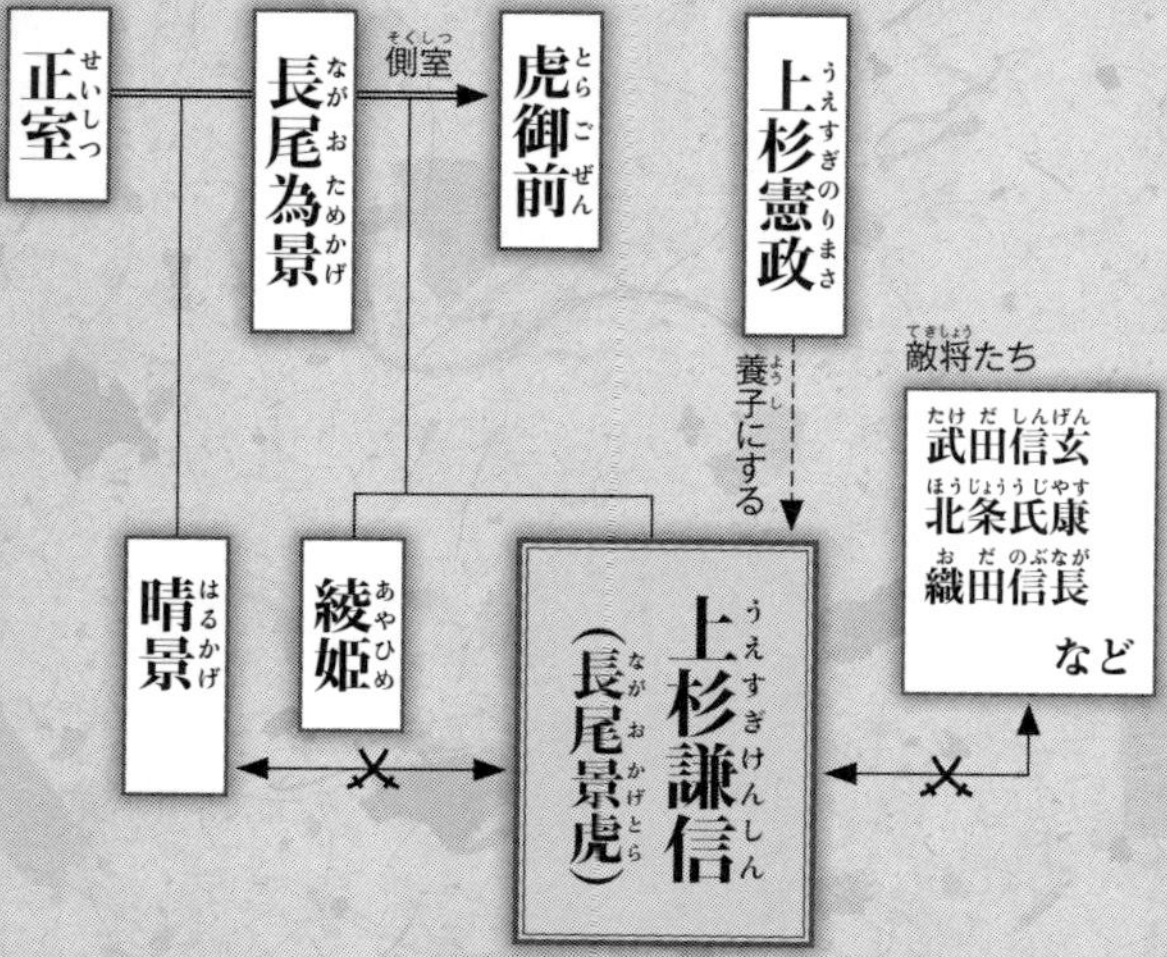

一　荒《あ》れる越後《えちご》

——天文《てんぶん》十一年（一五四二年）——


寒風吹《ふ》きすさぶ中、厳《おごそ》かに進む人の列があった。

天文十一年（一五四二年）の暮《く》れも押《お》し迫《せま》った日に亡《な》くなった、越後国の守護代《しゅごだい》・長尾為景《ながおためかげ》の葬列《そうれつ》である。

しかし、その葬列はなんとも異様《いよう》なものだった。

参列している男たちが皆《みな》、敵襲《てきしゅう》に備《そな》え、甲冑《かっちゅう》を身に着けていたからである。

それは、まだ十三歳《さい》の虎千代《とらちよ》も例外ではなかった。

（父上の死に乗じて、攻《せ》めてくる敵《てき》がいるやもしれぬ）

思えば、父・為景は敵の多い人間だった。

為景は前《さき》の守護・上杉房能《うえすぎふさよし》を討《う》ち、房能の養子・定実《さだざね》を次の守護に据《す》え、事実上、越後を支配《しはい》していたのである。

一時期、房能の兄で関東管領《かんとうかんれい》の上杉顕定《あきさだ》の反撃《はんげき》に遭《あ》い、佐渡《さど》へ逃《に》げたこともあったが、為景《ためかげ》は再《ふたた》び勢力《せいりょく》を盛《も》り返《かえ》して顕定《あきさだ》を討《う》ち、権力《けんりょく》を握《にぎ》り続けた。

この二回にわたる〝下剋上《げこくじょう》〟は全国でも類を見ないもので、為景は〝越後《えちご》の梟雄《きょうゆう》〟として越後国内をはじめ周辺諸国《しょこく》に名を轟《とどろ》かせることとなった。

七年前に嫡男《ちゃくなん》の晴景《はるかげ》に家督《かとく》を譲《ゆず》ったものの、晴景は身体《からだ》が弱く、それゆえ為景は裏《うら》から越後を支配《しはい》し続けた。

為景亡《な》き今、晴景を侮《あなど》り、上杉定実《うえすぎさだざね》が勢力《せいりょく》を取《と》り戻《もど》そうと狙《ねら》っているほか、為景に反発を抱《いだ》いていた国人も数多くいる。

周りは敵《てき》だらけ――。

そのような緊迫《きんぱく》した状況《じょうきょう》の中、葬儀《そうぎ》はなんとか無事に終わることができた。

父の葬儀がすんで、しばらくして――。

虎千代《とらちよ》は長兄《ちょうけい》・晴景に呼《よ》び出《だ》された。

「兄上、お久《ひさ》しぶりにございます」

「虎千代《とらちよ》、おまえは元気そうでなにより――」

そう笑いかけた直後、晴景《はるかげ》は「ごほっ、ごほっ」と咳込《せきこ》んだ。

「兄上、大丈夫《だいじょうぶ》ですか？」

虎千代はすぐさま兄のもとに寄《よ》り、背中《せなか》をさすった。

「お加減《かげん》がすぐれないのなら、早く休まれたほうが」

「ああ、すまない。もう大丈夫だから」

晴景は青白い顔で微笑《ほほえ》み、虎千代の手を取った。

「おまえは、私《わたし》を……頼《たよ》りないこの兄を気遣《きづか》ってくれるのだな」

さびしげな晴景を見て、虎千代は「えっ？」と小首を傾《かし》げる。

「兄上、私は当たり前のことをしただけですよ」

「やはり、おまえは信用できる。虎千代、頼《たの》みがある。俗世《ぞくせ》に戻《もど》り、私を助けてほしいのだ」

越後《えちご》はまだまだ混乱《こんらん》が続いている。

最近では、揚北衆《あがきたしゅう》と呼《よ》ばれる豪族《ごうぞく》たちが病気がちな晴景《はるかげ》を侮《あなど》り、春日山城《かすがやまじょう》に参内《さんだい》することもなくなってきているという。いつ謀叛《むほん》が起きてもおかしくない状況《じょうきょう》なのだ。

(このままでは越後《えちご》は荒《あ》れる一方――)

「わかりました。私《わたし》でよければ兄上のお力になりましょう」

虎千代《とらちよ》は晴景をまっすぐ見つめ、その手を強く握《にぎ》り返《かえ》した。

晴景は虎千代より二十一歳《さい》年上。その兄が、年若《としわか》い弟を頼《たよ》ってくれた。その気持ちに応《こた》えたいと虎千代は思ったのだ。

こうして虎千代は寺を出て、元服《げんぷく》し――。

名を「景虎《かげとら》」と改め、十四歳にして中郡《なかごおり》の郡代《ぐんだい》となり、栃尾城《とちおじょう》の城主となった。

しかし、これを不服とする豪族《ごうぞく》たちがいた。揚北衆である。

「晴景は武将《ぶしょう》としての器量に欠ける。その晴景の、しかも元服したばかりの弟など、どうせ弱いに決まっている」

「実戦経験《けいけん》もない若僧《わかぞう》など、我《われ》らの相手ではないわ」

揚北衆は景虎を侮《あなど》り、栃尾城を攻《せ》めてきた。

「まだ十四だと侮《あなど》るか！　目にものを見せてくれる！」

景虎《かげとら》は果敢《かかん》にこれを迎《むか》え討《う》ち、見事に撃退《げきたい》した。

初陣《ういじん》を、見事に勝《か》ち戦《いくさ》で飾《かざ》ったのである。

これには長尾《ながお》家の重臣《じゅうしん》たちも、大いに驚《おどろ》き、そして賞賛《しょうさん》した。

「いつまでも子どもだと思っていたら、ずいぶんとたくましくなられたものだ」

「なにを言う。景虎様は高僧《こうそう》・天室光育殿《てんしつこういくどの》のもとで修行《しゅぎょう》を積まれた身。僧になる修行だけでなく兵学もひととおり修《おさ》められたと聞く」

「そうそう、幼《おさな》き頃《ころ》は一間《けん》四方の城《しろ》の型《かた》を使って、城攻《しろぜ》めの遊びに明《あ》け暮《く》れておられたというぞ」

「ほう、それは頼《たの》もしいな。晴景《はるかげ》様も景虎様がいれば安心だろう」

こうして、重臣たちの期待は次第《しだい》に病弱な晴景ではなく景虎に集まっていった。

❖ 謙信《けんしん》の名前はいくつもある

戦国時代《せんごくじだい》の武将《ぶしょう》は幼名《ようみょう》、元服《げんぷく》後、出家後――と、幾度《いくど》か名前を変えるものでした。謙信はその生涯《しょうがい》でなんと四回も名前を変えています。この物語では、忠実《ちゅうじつ》にその流れを追っていきますので、このページを参考に読み進めてみてください。

「**長尾虎千代**《ながおとらちよ》」。生まれたときにつけられた幼名。寅《とら》年生まれだったので、「虎」の字をつけたそうです。ちなみに「千代」は当時、男子につけるのが一般的《いっぱんてき》で、徳川家康《とくがわいえやす》の幼名「竹千代《たけちよ》」が有名な例です。「千代」は「千代（長い年月のこと）に栄える」という意味があり、縁起《えんぎ》の良い名前でした。

「**長尾景虎**《かげとら》」。十四歳《さい》で元服したときの名前。「景」の字は、長尾家に代々伝わる「通字《つうじ》」です。十九歳で兄の晴景《はるかげ》に代わって家督《かとく》を継《つ》ぎ、その後、越後《えちご》の守護代《しゅごだい》となったときもこの名前でした。

「**上杉政虎**《うえすぎまさとら》」。永禄《えいろく》四年の「北条攻《ほうじょうぜ》め」のとき、関東管領《かんとうかんれい》上杉憲政《のりまさ》から望まれ、上杉家の養子となって苗字《みょうじ》が変わりました。この際《さい》、関東管領の職《しょく》も継《つ》ぎ、下の名前も憲政から一字もらって虎《とら》の字と合わせ、この名前になりました。

「**上杉輝虎**《うえすぎてるとら》」。第四次「川中島《かわなかじま》の戦い」後、第十三代将軍足利義輝《しょうぐんあしかがよしてる》から一字もらってこの名に。当時は、「編諱《へんき》」といって、将軍から名前を一文字いただくことは、たいへん名誉《めいよ》なことでした。

「**不識庵謙信**《ふしきあんけんしん》」。北条《ほうじょう》との「越相同盟《えっそうどうめい》」が成り、北条から人質《ひとじち》として来た三郎《さぶろう》を気に入り、養子とし、自身の初名《しょめい》「景虎《かげとら》」を名乗らせ、自身は法号を名乗るようになりました。私《わたし》たちがよく知る「上杉謙信」という名前の由来はここから来ています。

ちなみに、「不識《ふしき》」とは、中国の高僧《こうそう》・達磨大師《だるまだいし》の逸話《いつわ》からきています。ある日、達磨が皇帝《こうてい》から自分の価値《かち》を問われた際、「不識（しらぬ）」と答えたとか。これは「知らない」という意味ではなく、頭の中で考えたり、偏《かたよ》った見方を捨《す》てたとき自分がどう見えるか――つまり、人の価値《かち》など簡単《かんたん》には決められないということ。

謙信はこの話に感銘《かんめい》を受け、自身の法号としたのでしょう。

二

越後統一《えちごとういつ》

——天文《てんぶん》二十年（一五五一年）——

その後も、越後は混乱《こんらん》が続いた。

初陣《ういじん》の翌年《よくとし》には、長尾《ながお》家の重臣《じゅうしん》・黒田秀忠《くろだひでただ》が謀叛《むほん》を起こした。

十五歳《さい》の景虎《かげとら》はすぐにこの反乱《はんらん》を制《せい》し、また重臣《じゅうしん》たちを驚《おどろ》かせた。

が、その次の年——黒田秀忠がふたたび謀叛を起こし、景虎のふたりの兄・景康《かげやす》、景房《かげふさ》が殺されてしまった。

「一度ならず二度の謀叛の上……兄上たちを！　これ以上、許《ゆる》してはおけぬ！」

怒《いか》りに燃えた景虎は、黒田一族に切腹《せっぷく》を申しつけた。

この厳《きび》しい処断《しょだん》に、景虎の名声はいやが上にも高まった。

「景虎様はいずれ大物になるぞ」

「ああ、景虎様がいれば越後もひとつになろう」

しかし、これを苦《にが》い思いで見ている者がいた。

景虎《かげとら》を俗世《ぞくせ》に呼《よ》び戻《もど》した張本人《ちょうほんにん》――長兄《ちょうけい》の晴景《はるかげ》である。

（このままでは、いずれ景虎に当主の座《ざ》を狙《ねら》われるかもしれぬ）

やがて、重臣《じゅうしん》たちは、「景虎を次期当主に」と推《お》す者たちと、「長尾《ながお》家の嫡流《ちゃくりゅう》は晴景」だと、あくまでも晴景を立てる者たちで真《ま》っ二《ぷた》つに分かれ――ついに晴景は弟を討伐《とうばつ》する決意を固めた。

天文《てんぶん》十六年（一五四七年）、兄弟《きょうだい》の雌雄《しゆう》を決する戦いの火蓋《ひぶた》が切られた。

戦いは景虎軍の優勢《ゆうせい》で進み、晴景軍は追撃《ついげき》を逃《のが》れようと峠《とうげ》を登った。

これを追った景虎はあと一息というところまで兄の軍に迫《せま》ったが、なぜか攻撃《こうげき》をやめ、「ここで休もう」と近くの民家を借り、兜《かぶと》を枕《まくら》にして寝《ね》てしまった。

「一気に兵を進めれば、今頃《いまごろ》、勝っていたであろうに」

「こんなときに……景虎様はなにを考えておられるのだ」

「やはり、血のつながった兄を討《う》つのが嫌《いや》になったのでは？」

しかし、しばらくののち――。

景虎は突然《とつぜん》、パッと目を開けて飛び起きた。

「よし、今から追撃《ついげき》する」

景虎《かげとら》は兜《かぶと》を被《かぶ》り直《なお》し、兵たちを率《ひき》いて峠《とうげ》を駆《か》け上《のぼ》った。

そうして、坂を下っていく晴景《はるかげ》軍を見つけると、

「全軍、かかれ！」

景虎の号令で兵たちは雪崩《なだれ》のように襲《おそ》いかかっていった！

「景虎様は、敵軍《てきぐん》が下り坂にさしかかるのを待っておられたのか」

「坂の上から攻撃《こうげき》したほうが有利と見たのだな」

家臣《かしん》たちは皆《みな》、景虎の知略《ちりゃく》の冴《さ》えに唸《うな》った。

休息を充分《じゅうぶん》に取った景虎軍の士気は高く、怒濤《どとう》のように攻《せ》めていく。

やっとのことで山を登り、景虎軍の追撃《ついげき》がないことに安心して悠々《ゆうゆう》と下っていた晴景軍はたちまち混乱《こんらん》に陥《おちい》り——ほうほうのていで逃《に》げていった。

雪崩のような襲撃《しゅうげき》に驚《おどろ》いて断崖《だんがい》に落ちていった兵や馬の数もおびただしく——。

兄弟《きょうだい》同士の戦《いくさ》は、こうして景虎が勝利を収めたのである。

翌《よく》、天文《てんぶん》十七年（一五四八年）、景虎《かげとら》は十九歳《さい》の若《わか》さで長尾《ながお》家の当主となった。以前、亡《な》き父・為景《ためかげ》と対立していたはずの越後国《えちごのくに》の守護《しゅご》・上杉定実《うえすぎさだざね》までもが出てきて、晴景《はるかげ》を隠居《いんきょ》させ、景虎が長尾家の家督《かとく》を継《つ》ぐことを支持《しじ》したのである。

景虎が晴景の養子となることで兄弟《きょうだい》は和解《わかい》し、春日山城《かすがやまじょう》に入った景虎は長尾家の家督を正式に相続した。

が——二年後。上杉定実が亡《な》くなると、今度は同じ一族の長尾房長《ふさなが》・政景《まさかげ》親子が謀《む》叛《ほん》を起こした。政景は景虎の姉・綾姫《あやひめ》の夫であるが、もともと晴景派《は》だったのである。

房長・政景親子は半年間、坂戸城《さかどじょう》に籠城《ろうじょう》した挙句《あげく》、景虎に降伏《こうふく》した。最終的には総攻撃《そうこうげき》を考えていた景虎は、これを許《ゆる》した。重臣《じゅうしん》たちからの助命嘆願《じょめいたんがん》もあったが、大事な姉が嫁《とつ》いでいるという事実も大きかったのだ。

「景虎、礼を言いますよ。政景様を許してくれてありがとう」

「いえ、姉を助けるのは、弟として当然です。それに私《わたし》は義兄上《あにうえ》に、今後も長尾家を支《ささ》えていっていただきたいのです」

「景虎《かげとら》……」

弟の寛大《かんだい》な心に、綾《あや》は感じ入り、涙《なみだ》を浮《う》かべた。

「やはり、あなたは毘沙門天《びしゃもんてん》の生まれ変わり……」

「私《わたし》が……毘沙門天の？」

景虎《かげとら》のつぶやきに、綾は「知らなかったのですか？」と目を軽く見開いてから、こう言った。

「あなたが生まれたとき、母上から聞いたのです」

それは不思議な話だった。

ある日、母――虎御前《とらごぜん》の夢枕《ゆめまくら》に高僧《こうそう》が立ち、「腹《はら》を借りたい」と申し出た。

朝、目覚めた虎御前がさっそく夫の為景《ためかげ》に話したところ、

「それはきっと僧の姿《すがた》を借りた神様に違《ちが》いない。丁重《ていちょう》にお迎《むか》えいたせ」

と言ったので、虎御前はその夜、ふたたび夢枕に立った僧にそれを告《つ》げた。

すると、その僧は、

「我《われ》は毘沙門天《びしゃもんてん》である。現世《げんせ》に生まれ変わるにあたり、そなたの腹《はら》を借りる」

と言い、毘沙門天に姿《すがた》を変えると、すっと虎御前《とらごぜん》の腹に入っていったという――。

「私《わたし》は……毘沙門天の生まれ変わり……」

毘沙門天とは、武神《ぶしん》として崇《あが》められている神である。

しかし、この時代、兄弟《きょうだい》が多い場合は将来《しょうらい》の家督争《かとくあらそ》いを避《さ》けるため、嫡男《ちゃくなん》以外の男子を寺に預けるのが当たり前。

特に末子は「殺傷《さっしょう》の罪《つみ》を消滅《しょうめつ》させる」ため、僧侶《そうりょ》にする例が多かった。それで、亡《な》き父・為景《ためかげ》は景虎《かげとら》（虎千代《とらちよ》）を林泉寺《りんせんじ》に入れたのである。

綾《あや》は弟を見つめ、微笑《ほほえ》んだ。

「あなたがいれば、長尾《ながお》家は――いえ、越後《えちご》は安泰《あんたい》ですね」

この後、綾の夫・政景《まさかげ》は景虎に仕《つか》え、重臣《じゅうしん》として活躍《かつやく》することになった。

こうして、景虎は二十二歳《さい》の若《わか》さで、越後を統一《とういつ》したのである。

❖謙信《けんしん》の魅力《みりょく》とは？

戦国武将《せんごくぶしょう》として二十一世紀の今でも人気の高い謙信。その魅力を簡単《かんたん》に挙《あ》げていきましょう。

・私利私欲《しりしよく》のために戦わず、「義《ぎ》」のために戦った。

・毘沙門天《びしゃもんてん》の生まれ変わりと言われ、とにかく戦《いくさ》に強かった。生涯《しょうがい》ほぼ負けなし。

・生涯不犯《ふぼん》を貫《つらぬ》き、一生独身《どくしん》であった。

・「越後上布《えちごじょうふ》」を織《お》る「青苧《あおそ》」という繊維《せんい》の生産を奨励《しょうれい》したり、金山や銀山の開発にも力を入れ、経営者《けいえいしゃ》としても有能《ゆうのう》だった。

また、「実は謙信は女だった!?」という大胆《だいたん》な説もあります。当時の武将としては小柄《こがら》で、月に一度は腹痛《ふくつう》を訴《うった》えて伏《ふ》せっていたという話などから上がった説です。名将《めいしょう》には様々な伝説がつきものですが、謙信はミステリアスな魅力を持つ人物だったのでしょうね。

三 宿敵《しゅくてき》・武田信玄《たけだしんげん》との戦いが始まる

——天文《てんぶん》二十二年（一五五三年）——

越後《えちご》を統一《とういつ》した翌年《よくとし》、小田原《おだわら》の北条氏康《ほうじょううじやす》に攻《せ》められた関東管領《かんとうかんれい》の上杉憲政《うえすぎのりまさ》が景虎《かげとら》を頼《たよ》り、上野《こうずけ》から越後へと逃《のが》れてきた。

「義《ぎ》」に厚い景虎の武名《ぶめい》は越後のみならず、他国にも知られるようになっていたのだ。

「味方の武将《ぶしょう》の多くが北条に寝返《ねがえ》り、わしは平井城《ひらいじょう》を捨《す》てて逃《に》げざるを得なかったのじゃ……」

関東管領とは室町幕府《むろまちばくふ》の要職《ようしょく》で、上杉氏が代々務め、関東を治めてきた。北条早雲《そううん》の代から相模国《さがみのくに》は小田原に拠点《きょてん》を構《かま》えた北条氏は、その勢力《せいりょく》を相模のみならず東へと伸《の》ばし、ついに関東管領を追い出すまでに至《いた》ったのである。

「長尾《ながお》家は上杉家に代々仕《つか》えてきた身……できる限《かぎ》り、お助けいたします」

景虎は憲政に、そう約束した。

憲政《のりまさ》に続き、同じ年、甲斐《かい》の武田晴信《たけだはるのぶ》（のちの信玄《しんげん》）に攻《せ》められた信濃《しなの》の守護《しゅご》・小《お》笠原長時《がさわらながとき》が、そしてその翌年《よくとし》にも北信濃の豪族《ごうぞく》・村上義清《むらかみよしきよ》が景虎《かげとら》を頼《たよ》ってきた。

「武田《たけだ》は領土拡大《りょうどかくだい》の私利私欲《しりしよく》のために、信濃を手に入れようとしています。どうか、助けてください」

「晴信め……己《おのれ》の欲望《よくぼう》のみで人々を苦しめるとは、許《ゆる》しがたい」

しかも、武田晴信は父・信虎《のぶとら》を追い出して、当主の座《ざ》についた親不孝者《おやふこうもの》だ。人道にもとる行いをした晴信を、景虎は激《はげ》しく嫌《きら》っていた。

「天に代わり、私《わたし》が晴信を討《う》つ」

こうして、景虎は武田と戦うことを決め、北信濃の川中島《かわなかじま》で対決することにした。

このまま武田が侵攻《しんこう》を続ければ、いずれは越後《えちご》に至《いた》るだろう。信濃の民を助けるという大義名分《たいぎめいぶん》もあるが、これは越後を守るための戦《いくさ》でもあった。

これが、第一次「川中島の戦い」である。

歴史に名高い武田信玄と上杉謙信《うえすぎけんしん》の、十二年にも及《およ》ぶ長い戦いのはじまりであった。

翌年《よくとし》の天文《てんぶん》二十三年（一五五四年）、長尾《ながお》家の家臣《かしん》・北条高広《きたじょうたかひろ》が甲斐《かい》の武田《たけだ》に内通して謀叛《むほん》を起こしたが、景虎《かげとら》はこれを許《ゆる》した。

（武田晴信《はるのぶ》……どこまでも汚《きたな》い男だ。越後《えちご》を内部から崩壊《ほうかい》させようというのだろうが、そうはいかぬ）

そうして、また次の年、弘治《こうじ》元年（一五五五年）、川中島《かわなかじま》の善光寺《ぜんこうじ》を掌握《しょうあく》すべく武田が出陣《しゅつじん》してきたのを受け、景虎も越後を発《た》った。

が、なかなか決着がつかず――この第二次「川中島の戦い」は対陣なんと二百日にも及《およ》び、駿河《するが》の今川義元《いまがわよしもと》が仲介《ちゅうかい》に入るかたちで終結した。

この二度にわたる戦《いくさ》は、越後を揺《ゆ》るがした。

「なぜ、越後が信濃《しなの》のために戦わねばならんのだ」

「景虎様は信濃を取《と》り戻《もど》したら、我《わ》がものとせず、領主《りょうしゅ》にそっくり返すと言っている」

「それでは、戦いで死んでいった者たちが浮《う》かばれぬではないか」

家臣《かしん》の間で不満が募《つの》る一方、景虎《かげとら》自身もさまざまなことに悩《なや》み、春日山城《かすがやまじょう》内にある毘沙門堂《びしゃもんどう》に籠《こも》ることが多くなっていった。

そして、弘治《こうじ》二年（一五五六年）三月。

春日山城内は騒然《そうぜん》となった。

「景虎様がいなくなった⁉」

出家を決意した景虎は、恩師《おんし》・天室光育《てんしつこういく》に宛《あ》てて書き置きを残し、高野山《こうやさん》を目指して出奔《しゅっぽん》してしまったのである。

「我《わ》が長尾《ながお》家は代々、関東管領《かんとうかんれい》の上杉《うえすぎ》家に仕《つか》え、越後《えちご》に静謐《せいひつ》（平和）をもたらすことができました。しかし、最近、家臣たちの考え方はまちまちで、私《わたし》の意をいっこうに理解《りかい》してくれません。私は見放されたように感じております。家臣たちが勝手な行動を取るならば、私が国主《こくしゅ》の仕事を続けていくのは困難《こんなん》かと思います。ここで進退を決める以外、道はありません。私《わたし》の気持ちをどうかご理解《りかい》いただき、この旨《むね》、皆《みな》にも伝えていただければ幸いです」


天室光育《てんしつこういく》から手紙の内容を聞かされた家臣《かしん》たちは困《こま》った顔で、ため息をついた。

「殿《との》のお気持ちはよくわかったが……」

「今、景虎《かげとら》様にいなくなられては困る」

「越後《えちご》はまた混乱《こんらん》に陥《おちい》ってしまうぞ」

家臣たちが唸《うな》っていると、天室光育が「ならば！」と凛《りん》とした声を発した。

「方々《かたがた》のお気持ちはひとつ。景虎様に戻《もど》っていただきなされ」

「し、しかし……」

「殿はそう簡単《かんたん》に戻ってくれるだろうか」

「なにをぐずぐずしておられる！　このままでは、関東からは北条《ほうじょう》が、西からは一向宗《いっこうしゅう》が、北信濃《きたしなの》からは武田《たけだ》が越後に攻め入《い》ってきましょうぞ。それをどう防《ふせ》がれる？　それができるのは、毘沙門天《びしゃもんてん》の生まれ変わりである景虎様しかおられぬのでは!?」

天室光育《てんしつこういく》の言葉に、長尾政景《ながおまさかげ》が立ち上がった。景虎《かげとら》の姉・綾《あや》の夫──すなわち義兄《ぎけい》である。

「妻《つま》も非常に心配している……。わしが行って、殿《との》を説得してくる！」

そうして、すぐに越後《えちご》を発《た》った政景は二か月後、ついに景虎に追いつき、何度も必死で訴《うった》えかけた。

「殿がいなくなったら、誰《だれ》が敵国《てきこく》と戦うのですか！　我《われ》ら家臣団《かしんだん》、改めて忠誠《ちゅうせい》を誓《ちか》いますゆえ、どうかお戻《もど》りください」

「……わかった」

越後へと戻った景虎に家臣たちは誓紙《せいし》を差し出し、改めて忠誠《ちゅうせい》を誓《ちか》った。

そうして、この隠居騒動《いんきょそうどう》が落ち着いた頃《ころ》、春日山城《かすがやまじょう》に天室光育が訪《たず》ねてきた。

「景虎様、今回の荒療治《あらりょうじ》、かなり効《き》きましたな」

「荒療治？　なんのことだ」

そう言ってうそぶく景虎に、天室光育は笑った。

「家臣たちの結束《けっそく》を促《うなが》すため、わざと騒動を起こしたのでしょう？」

「さあな……。けれど、本気で出家しようと思っていたことも確《たし》かだ。それが天の定めならばそれでよし、国主《こくしゅ》を続けるならばそれもよし……」

「では、天が決めたのでしょう。越後《えちご》は景《かげ》虎《とら》様が治めるがいちばん良いと」

「……私《わたし》は武田晴信《たけだはるのぶ》が嫌《きら》いだ。父親を追放し、私利私欲《しりしよく》で信濃《しなの》を奪《うば》おうとする……。それも甲斐《かい》の国を治めるためには必要なことであるかもしれない。国主とは、時に非道なやり方も取らねばならぬものだ。だが、私はあのようには決してなりたくない。私は『義《ぎ》』のために動く。ならば、越後の皆《みな》も、『義』を重んじてほしい」

景虎《かげとら》の瞳《ひとみ》には強い光が宿っていた。

天室光育《てんしつこういく》はある種のすがすがしさを胸《むね》に、春日山城《かすがやまじょう》をあとにした。


弘治《こうじ》三年（一五五七年）八月。

武田《たけだ》の信濃《しなの》攻《ぜ》めを受け、景虎は毘沙門天《びしゃもんてん》の「毘」の旗を翻《ひるがえ》し、出陣《しゅつじん》した。

けれど、この第三次「川中島《かわなかじま》の戦い」も結局、決着がつかず……。

武田との一触即発《いっしょくそくはつ》の状況《じょうきょう》が続く中、永禄《えいろく》三年（一五六〇年）、関東管領上杉憲政《かんとうかんれいうえすぎのりまさ》を助け、景虎は小田原《おだわら》の北条《ほうじょう》氏を攻《せ》めることにした。

越後《えちご》から上野《こうずけ》、武蔵《むさし》、相模《さがみ》へと南下し、北条方の城《しろ》を次々と攻め落とし、途中《とちゅう》で味方についた武将《ぶしょう》たちの兵力を合わせ、翌年《よくとし》、十一万五千もの大軍で小田原城を囲んだのである。

が――守りの堅《かた》い小田原城はなかなか落ちず……。

この戦の間《いくさ》に、景虎《かげとら》は鎌倉《かまくら》の鶴岡八幡宮《つるがおかはちまんぐう》である重要な儀式《ぎしき》を執《と》り行《おこな》った。

関東管領《かんとうかんれい》の就任式《しゅうにんしき》である。

上杉憲政《うえすぎのりまさ》の養子となり、名を「上杉政虎《まさとら》」と改めるとともに、関東管領の職《しょく》も引きついだのだ。もちろん、これは幕府《ばくふ》からも認《みと》められたことである。

これまでは「関東管領の下の守護《しゅご》という立場で上杉氏を助けていた」のだが、これにより正式に景虎――いや、政虎が直接《ちょくせつ》、権力《けんりょく》を行使できる立場になったのだ。

この「小田原攻《おだわらぜ》め」は関東管領として最初の大仕事となったのだが――。北条《ほうじょう》を助けるため、同盟関係《どうめい》にある武田《たけだ》が本願寺《ほんがんじ》に働きかけて、加賀《かが》や越中《えっちゅう》の一向一揆《いっこういっき》を起こさせて越後《えちご》を脅《おびや》かしたため、兵を引かざるを得なくなった。

「小田原を落とせなかったのは無念だが、上杉の武威《ぶい》は充分《じゅうぶん》に示《しめ》せた」

と思い、政虎は越後へと戻《もど》った。

（武田晴信《はるのぶ》……やはり、やつとは決着をはっきりつけねばなるまい）

❖関東にこだわった謙信《けんしん》

関東管領《かんとうかんれい》・上杉憲政《うえすぎのりまさ》や、常陸《ひたち》の佐竹《さたけ》、安房《あわ》の里見《さとみ》など、北条《ほうじょう》氏の侵攻《しんこう》を受けている人々からの要請《ようせい》で、関東へ出兵した謙信。その数、人生で十数回、越年《えつねん》することもしばしばでした。

これは農閑期《のうかんき》の食糧《しょくりょう》不足の問題を解消《かいしょう》するためと、田畑を耕せない時季のほうが兵を駆《か》り出すタイミングとしては良かった——というのが大きな理由だと思われます。兵たちは「出稼《でかせ》ぎ気分」だったわけです。

小田原城《おだわらじょう》包囲戦《ほういせん》の際《さい》には、こんな話も。池の端《はし》に馬をつないで昼食をとっていた謙信を狙《ねら》い、城兵が鉄砲《てっぽう》を三度、撃《う》ってきました。弾《たま》は左の袖《そで》などに当たりましたが、謙信は少しも動じず、ゆっくりと茶を三杯《ばい》飲んだといいます。謙信のそばにいた兵も髪《かみ》の毛《け》を掠《かす》めるような銃撃《じゅうげき》に動じず、頭を下げて守る者は誰《だれ》もいなかったとか。

謙信にとっては「正義《せいぎ》の戦い」でしたので、「撃たれはしない」と信じていたのかもしれませんね。

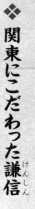

四 第四次「川中島《かわなかじま》の戦い」
——永禄《えいろく》四年（一五六一年）——

永禄四年（一五六一年）、政虎《まさとら》はふたたび川中島へ出陣《しゅつじん》した。

川中島に向かうのは、これで四度目である。

「あれが海津城《かいづじょう》か」

政虎は武田《たけだ》が北信濃《きたしなの》攻略《こうりゃく》のために築《きず》いた城《しろ》を横目に通り過ぎ、南に位置する妻女山《さいじょさん》に陣《じん》を張《は》り、城を見下ろした。

「殿《との》、城を攻《せ》めぬのですか？」

「武田の本隊が到着《とうちゃく》する前に叩《たた》いておいたほうがいいのでは——」

家臣《かしん》たちは不思議そうな顔をした。

しかも、政虎は城の南側に陣を張ったのである。越後《えちご》は北——これでは戦《いくさ》が不利な展開《てんかい》になったとき、退路《たいろ》を塞《ふさ》がれるかたちになってしまう。

「あれは築城《ちくじょう》の名手、山本勘助《やまもとかんすけ》の縄張《なわば》りと聞く。どのような工夫を凝《こ》らしていようが、敵《てき》に攻《せ》められることがなければただの置物のようなもの。捨《す》て置《お》け」

やがて、甲斐《かい》を発《た》った武田《たけだ》が川中島《かわなかじま》に到着《とうちゃく》。

上杉《うえすぎ》軍の出方を見るためか、妻女山《さいじょさん》の北西に位置する茶臼山《ちゃうすやま》に陣《じん》を構《かま》えた。

しかし、政虎《まさとら》は動かない。

「これまでのやり方では晴信《はるのぶ》――いや、今は信玄《しんげん》か。あやつの首は取れぬ。今度こそ、やつの首を越後《えちご》に持ち帰る」

政虎は余裕《よゆう》の態度《たいど》で琴《こと》を鳴らし、朗詠《ろうえい》し、鼓《つづみ》を打った。

そうしているうちに焦《じ》れたのか、五日後、武田が茶臼山を下り、海津城《かいづじょう》に入った。

これも政虎は手を出さず、妻女山から動かなかった。

「殿《との》、このままでは武田軍に越後に攻め入れられるかもしれませぬぞ」

重臣《じゅうしん》の直江景綱《なおえかげつな》が意見したが、政虎は強気に笑った。

「春日山城《かすがやまじょう》の守りは義兄《あに》・政景《まさかげ》に任《まか》せてある。武田が越後に向かうなら、我《われ》らは逆《ぎゃく》に甲斐《かい》に攻め入るまで」

月が変わり、九月九日。

夕暮《ゆうぐ》れ時に、ついに政虎《まさとら》は動きだした。

「武田《たけだ》の襲撃《しゅうげき》は今夜。作戦を伝える！　信玄《しんげん》の裏《うら》をかくのだ！」

海津城《かいづじょう》から上る飯炊《めした》きの煙《けむり》がいつもより多いことで武田の出陣《しゅつじん》が近いと見、忍《しの》びの兵を放ったところ、武田軍がふたつに分かれることがわかったのである。

「夜のうちに別働隊を妻女山《さいじょさん》の背後《はいご》から攻《せ》め込《こ》ませ、あわてて山を下りた我《わ》が軍を、平地で待《ま》ち構《かま》える信玄の本隊と挟《はさ》み撃《う》ちにしようという作戦だろうが、そうはいかぬ。皆《みな》、山を下りる仕度《したく》をせよ！」

政虎は篝火《かがりび》や陣幕《じんまく》をそのままにしておくよう指示《しじ》した。軍を動かしたことを武田に悟《さと》られないためである。

そうして、上杉《うえすぎ》軍は静かに山を下りて千曲川《ちくまがわ》を渡《わた》り……。

朝霧《あさぎり》が立ち込める中、油断《ゆだん》していた武田信玄の本軍の目の前に躍《おど》り出《で》ることに成功した。

突如《とつじょ》として現《あらわ》れた、おびただしい数の「毘」の旗を見て、武田兵が驚愕《きょうがく》する。

「い、いつのまに⁉」

「天から降《ふ》ってきたのか⁉」

「かかれ――っ！　今日《きょう》こそ信玄《しんげん》の首を越後《えちご》に持ち帰るのだ！」

「おお――っ」

不意打ちに成功した上杉《うえすぎ》軍の士気は高く、政虎《まさとら》は「車懸《くるまが》かりの陣《じん》」という戦法で、車輪が回るがごとく兵を動かし、次々と攻《せ》めかかる！

これに対し、武田《たけだ》は鶴翼《かくよく》の陣で応戦したが、苦戦は否《いな》めず――。

政虎のもとに次々と戦勝報告《ほうこく》が入ってきた。

「武田の副将《ふくしょう》、信玄が弟、信繁《のぶしげ》を討《う》ち取《と》ったり！」

「武田の軍師《ぐんし》・山本勘助《やまもとかんすけ》、討ち取りましてございます！」

「信玄が嫡男《ちゃくなん》・義信《よしのぶ》ももうすぐ討ち取れると思われます！」

完全に上杉軍有利の状況《じょうきょう》に家臣《かしん》たちは湧《わ》いたが、政虎はひとり眉間《みけん》にしわを寄《よ》せていた。

「信玄の……信玄の首はまだか⁉」

早くしなければ、政虎にだまされたと知った武田の別働隊が急いで山を下りてきて、上杉軍《うえすぎ》は挟《はさ》み撃《う》ちにされてしまう。

巳《み》の刻《こく》――。政虎《まさとら》の予想は当たった。

別働隊が山を下り、上杉軍の背後《はいご》に迫《せま》ってきたのである。

（こうなれば……！）

「殿《との》、どこへ⁉」

「信玄《しんげん》の首を取りに参る！」

政虎は馬に飛び乗り、走りだした。

「殿をお守りしろ！」

家臣《かしん》たちはあわてて馬を引き、政虎のあとを追う。

（武田《たけだ》信玄……！　甲斐《かい》の虎《とら》はどこだ⁉）

政虎は疾風《しっぷう》のように駆《か》け、武田の本陣《ほんじん》に突《つ》っ込《こ》んだ。

そうして、床几《しょうぎ》に座《すわ》って指揮《しき》を取っていた信玄の目の前に躍《おど》り出《で》る！

「我《われ》は毘沙門天《びしゃもんてん》の生まれ変わり、上杉政虎！　甲斐の虎を討《う》ちに参った！」

「越後《えちご》の龍《りゅう》か！」

「信玄《しんげん》、敗《やぶ》れたり！」

政虎《まさとら》が馬上から斬《き》りかかると、信玄は床几《しょうぎ》から立ち上がり、軍配《ぐんばい》で受けた。三度太刀《みたびたち》を浴《あ》びせたが、信玄はすべて軍配で防《ふせ》いだ。

（こうなれば、一騎打《いっきう》ちだ。刀を抜《ぬ》け！）

政虎が馬から下りようと思ったときだった。突然《とつぜん》、馬が暴《あば》れだし、駆《か》けだしてしまったのである。信玄を守るため、政虎を討《う》ち取《と》ろうと武田《たけだ》の兵が背後《はいご》から槍《やり》を構《かま》えて近づいたのだが、狙《ねら》いが外れて馬の尻《しり》を突《つ》いてしまったのだ。

「殿《との》！」

「政虎様！」

追いついた家臣《かしん》たちが政虎を押《お》し包《つつ》むように、馬で囲む。

「無茶がすぎますぞ！」

「我《わ》が軍は押《お》されています。早くお戻《もど》りを！　指揮《しき》をお取りください！」

「……わかった」

悔《くや》しいが、仕方ない。

政虎《まさとら》は上杉《うえすぎ》の本陣《ほんじん》に戻《もど》った。
その後、武田《たけだ》軍が勢《いきお》いを増し、政虎はやむなく兵を退《ひ》いた。
上杉・武田両軍合わせて、死者約八千。
激戦《げきせん》となった第四次「川中島《かわなかじま》の戦い」は、今回も決着がつかずに終わったのだった。

❖謙信《けんしん》は神に告《つ》げ口《ぐち》した？

謙信も信玄《しんげん》も、戦《いくさ》に赴《おもむ》く前には神社や寺に勝利祈願《きがん》の「願文《がんもん》」を納《おさ》めています。謙信は信玄のことが本当に許《ゆる》せない存在《そんざい》だったようで、第五次「川中島《かわなかじま》の戦い」の前に、「たけ田はるのふあくきやうの事（武田晴信《たけだはるのぶ》悪行の事）」と題した願文を書いています。

簡単《かんたん》に言うと、こんな感じです。

「第二次川中島の戦いの際《さい》、今川義元《いまがわよしもと》の仲介で和睦《わぼく》したのに、あいつはすぐに破《やぶ》った」

「あいつは野心のために信濃《しなの》に侵攻《しんこう》し、多くの寺社を焼いた」

「あいつのせいで信濃の人々は土地を追われ、流浪《るろう》の身となり、困《こま》っている」

「あいつは父親を追放した親不孝者《おやふこうもの》だ」

このように、謙信は信玄の悪行を述べ、自分の行動を正当化。つまり、「正義《せいぎ》は自分にあるので勝たせてください」と神にお願いしたわけですが、結局、信玄との戦いが決着がつかずに終わったのは、みなさんも知ってのとおりです。

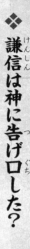

五 宿敵《しゅくてき》・武田信玄《たけだしんげん》の死

――元亀《げんき》四年（一五七三年）――

永禄《えいろく》七年（一五六四年）、姉・綾《あや》の夫、長尾政景《ながおまさかげ》が不審《ふしん》な死を遂《と》げた。野尻池《のじりいけ》で宇佐美定満《うさみさだみつ》という輝虎《てるとら》（永禄四年に政虎《まさとら》から改名）の重臣《じゅうしん》と一緒《いっしょ》に舟《ふね》を浮《う》かべて酒を飲んでいたところ、ふたりとも酒に酔《よ》って池に落ち、溺《おぼ》れて死んでしまったのである。

輝虎は綾と子どもたち――喜平次《きへいじ》（のちの景勝《かげかつ》）と娘《むすめ》ふたりも呼《よ》び寄《よ》せ、春日山城《かすがやまじょう》に住まわせることにした。

「輝虎、ありがとう。あなたはいつも私《わたし》を助けてくれるのね」

「弟として当然のことをしたまでです。姉上には城《しろ》の奥向《おくむ》きのことをお願いしたい。私には妻《つま》がおりませぬゆえ」

そして、輝虎は甥《おい》の喜平次を養子に迎《むか》え、育てることにした。喜平次には、樋口与《ひぐちよ》六《ろく》（のちの直江兼続《なおえかねつぐ》）という名の小姓《こしょう》も従《したが》ってきていた。

（ふたりとも良い目をしている——）

政景《まさかげ》の死は悲しむべきであるが、そのおかげで将来有望《しょうらい》なふたりの子どもたちをそばに置くことができ、輝虎《てるとら》は心密《こころひそ》かに喜んだ。

この年、輝虎はまた信玄《しんげん》と川中島《かわなかじま》で相対《あいたい》したが、この第五次の戦《いくさ》は信玄が決戦を避《さ》けたために決着がつかないまま、終結した。


それから数年の時が流れ——。

元亀《げんき》元年（一五七〇年）。輝虎は念願の出家を果たし、名を「謙信《けんしん》」と改めた。

同じ年に長年敵対《てきたい》してきた北条《ほうじょう》との和睦《わぼく》が成立し、その証《あかし》として北条から養子に迎《むか》えた三郎《さぶろう》に「景虎《かげとら》」の名を譲《ゆず》り、綾《あや》の二番目の娘《むすめ》と結婚《けっこん》させた。

優秀《ゆうしゅう》な景虎を気に入った謙信は、その翌年《よくとし》、北条氏康《うじやす》が亡《な》くなったことをきっかけに跡《あと》を継《つ》いだ北条氏四代目の氏政《うじまさ》に同盟《どうめい》を破棄《はき》されても、養子縁組《ようしえんぐみ》を解消《かいしょう》することはなかった。

そして、その二年後。

謙信《けんしん》の長年の宿敵《しゅくてき》・武田信玄《たけだしんげん》が上洛《じょうらく》を目指す途中《とちゅう》で病《やまい》に倒《たお》れ、死んだという話が伝わってきた。

「甲斐《かい》の虎《とら》が……?」

食事中に信玄の死を伝え聞いた謙信は、思わず箸《はし》を落とした。

(惜《お》しい武将《ぶしょう》を亡《な》くしたものだ……)

信玄のことをあんなに嫌《きら》っていたはずなのに、涙《なみだ》が流れだす。

長年の友を失ったような気持ちに、謙信は自身でも不思議に思いながら、宿敵《しゅくてき》の死を悼《いた》んだ。

「……そうか、信玄が……そうか、そうか……」

「うれし涙……ですかな?」

「殿《との》、武田に攻《せ》め入《い》るなら今ですぞ」

家臣《かしん》たちは色めきたったが、『義《ぎ》』を重んじる謙信は首を振《ふ》り、

「いや、勝頼《かつより》が後を継《つ》いだばかりで攻めるのは大人げない」

と言って、決して動こうとはしなかった。

宿敵《しゅくてき》・武田信玄《たけだしんげん》。

「甲斐《かい》の虎《とら》」の死は、各地に大きな影響《えいきょう》を及《およ》ぼした。

信玄をもっとも恐《おそ》れていた男――織田信長《おだのぶなが》は上洛《じょうらく》に向けて後顧《こうこ》の憂《うれ》いがなくなり、信玄をあてにしていた第十五代将軍《しょうぐん》・足利義昭《あしかがよしあき》を追放。

ここに、約二百四十年続いた室町幕府《むろまちばくふ》は滅亡《めつぼう》したのである。

◆敵《てき》に塩を送る

この言葉は、謙信《けんしん》が由来だと言われています。「たとえ敵であっても相手の弱味につけこまず、困《こま》っていれば援助《えんじょ》をする」という意味です。

武田《たけだ》は今川《いまがわ》と北条《ほうじょう》と「甲駿相三国同盟《こうすんそうどうめい》」を結んでいましたが、今川義元《よしもと》が「桶狭間《おけはざま》の戦い」で信長《のぶなが》に敗《やぶ》れたあと、信玄《しんげん》は今川との同盟を破棄《はき》し、東海方面への進出を企《くわだ》てました。これに怒《おこ》った今川と北条は甲斐《かい》への「塩止め」を決行。海のない甲斐の人々は塩が不足して、たいへん苦しみました。このことを知った謙信は「甲斐の民に罪《つみ》はない」として、越後《えちご》から塩を送ったのです。

実は越後の商人が甲斐で塩の商いをすることを止めなかっただけ、とも言われていますが……義《ぎ》に厚い謙信らしい話だと言えるでしょう。

六 手取川《てどりがわ》の戦い

――天正《てんしょう》五年（一五七七年）――

室町幕府《むろまちばくふ》を滅《ほろ》ぼした信長《のぶなが》は「長篠《ながしの》の戦い」（天正三年／一五七五年）にて、武田勝頼《たけだかつより》を破《やぶ》り、武田は衰退《すいたい》の一途《いっと》をたどっていった。

信長は北陸へも迫《せま》る勢《いきお》いを見せはじめ、謙信《けんしん》は石山本願寺《いしやまほんがんじ》と和睦《わぼく》し、加賀《かが》、能登《のと》へと攻め入《い》った。

「幕府のことは任《まか》せてくださいと言っておきながら、将軍《しょうぐん》を追放するとは……！　信長、許《ゆる》すまじ！」

実は信長とは、対武田で利害が一致《いっち》し、元亀《げんき》三年に同盟《どうめい》を結んでいたのだが、足利義昭《あしかがよしあき》からの信長追討《ついとう》命令を受け、謙信のほうから破《やぶ》ったかたちとなっていた。

同盟後、信長は「洛中洛外図屛風《らくちゅうらくがいずびょうぶ》」や高価《こうか》なビロードのマントを贈《おく》るなどして謙信の機嫌《きげん》を取っていたが、そのような物でだまされる謙信ではなかったのである。

「上洛《じょうらく》し、信長の天下取りを阻《はば》む！」

しかし、日本海航路《こうろ》の要所《ようしょ》である能登《のと》の七尾城《ななおじょう》の攻略《こうりゃく》には苦戦を強《し》いられてしまった。難攻不落《なんこうふらく》の巨城《きょじょう》はそう簡単《かんたん》に落ちず、その間に北条《ほうじょう》が関東で兵を挙《あ》げたため、引き上げるしかなくなったのである。

が、幸いなことに北条の侵攻《しんこう》はそれほどでもなく、天正《てんしょう》五年（一五七七年）閏《うるう》七月、謙信《けんしん》はふたたび七尾城を攻《せ》めに出た。

そうして七尾城を包囲すること、二か月――。

九月十三日の夜。謙信が本陣《ほんじん》で中秋《ちゅうしゅう》の名月を愛《め》でる宴《うたげ》を催《もよお》していると、ある書状《しょじょう》が届《とど》いた。

それは七尾城の重臣《じゅうしん》たちが主君を見限《みかぎ》り、上杉《うえすぎ》に寝返《ねがえ》りたいという内容であった。

「では、二日後――十五夜に〝迎《むか》えに行く〟と伝えよ。城門《じょうもん》を開けて待っているようにとな」

夜空にこうこうと輝《かがや》く月を見上げながら、謙信は大好きな酒を飲み、上機嫌《じょうきげん》で次のような漢詩を詠《よ》んだ。

霜満軍営秋気清（霜《しも》は軍営《ぐんえい》に満ちて　秋気《しゅうき》清し）
数行過雁月三更（数行の過雁《かがん》　月三更《さんこう》）
越山併得能州景（越山併《えつざんあわ》せ得たり　能州《のうしゅう》の景《けい》）
遮莫家郷憶遠征（さもあらばあれ　家郷遠征《かきょうえんせい》を憶《おも》うは）

（陣営《じんえい》に霜《しも》が降《ふ》り、秋の気配《きび》が厳しくもすがすがしく満ちている。数列に連《つら》なった雁《がん》が、日が変わったばかりの十三夜の月にかかっている。越後《えちご》、越中《えっちゅう》の山々に加え、私《わたし》は能登《のと》の景色《けしき》も手に入れた。故郷《こきょう》の家族は、今回の遠征《えんせい》を心配しているだろうか。しかし、今夜の月は格別《かくべつ》なので、存分《ぞんぶん》に味わいたいものだ）

謙信《けんしん》が詠《よ》み終わると、家臣《かしん》たちが「ほう」とため息をついた。

「さすが、殿《との》」

「素晴《すば》らしい詩でござった」

「うむ。今宵《こよい》は月も酒も格別だ。皆《みな》、存分に飲め」

盃《さかずき》になみなみと酒が注がれる。

酒に映《うつ》る丸い月を飲み干すように、謙信《けんしん》は盃《さかずき》をあおった。

そうして、十五日の夜。

謙信に呼応《こおう》した重臣《じゅうしん》たちが反乱《はんらん》を起こして城門《じょうもん》を開け、上杉《うえすぎ》軍を迎《むか》え入《い》れ――。

七尾城《ななおじょう》は、あっけなく落城した。

こうして能登《のと》を制圧《せいあつ》した謙信のもとに、「織田《おだ》の重臣・柴田勝家《しばたかついえ》率《ひき》いる四万の大軍がこちらへ向かっている」という知らせが入った。

七尾城の援軍《えんぐん》として、信長が勝家を派遣《はけん》したのであるが、その勝家はまだ城《しろ》が落ちたことを知らない。

「急ぎ、南下せよ！　手取川《てどりがわ》で迎《むか》え討《う》つのだ！」

謙信はすぐさま二万の兵を差し向け、手取川近くの松任城《まっとうじょう》に入れ、織田軍を迎え討つ準備を進めさせた。

しかし、軍の中には織田を恐《おそ》れる者も多くいた。

「あの武田《たけだ》を破《やぶ》った織田だぞ」

「三千挺《ちょう》もの鉄砲《てっぽう》を持っているのだったな」

「ああ、しかも鉄砲の使い方が恐《おそ》ろしく巧《うま》いという話だ」

それに対し、謙信《けんしん》は「なにも恐れることはない」と笑った。

「鉄砲など少しも怖《こわ》くはない。的《まと》に当たらねば意味はない」

謙信には、秘策《ひさく》があった。

夜襲《やしゅう》である。

いかに威力《いりょく》のある武器といえど、夜の闇《やみ》の中では的は見えない。武田《たけだ》は日のある時間に真っ向から向かって鉄砲の餌食《えじき》になったのだ。

そして、九月二十三日の夜。

折よく、雨が降《ふ》ってきた。

「夜闇では撃《う》つべき敵《てき》も見えず、雨では火薬が湿《しめ》って鉄砲は使いものにならない。まさに好機！　出陣《しゅつじん》する！」

対する織田軍は手取川《てどりがわ》を渡《わた》ったところに陣を張っていた。

それも謙信の策であった。

自軍が川を渡《わた》る手間を省《はぶ》くため、そこまで引《ひ》き寄《よ》せていたのである。

「かかれ――っ！」

「おお――っ」

一方の織田《おだ》軍は川を渡ったあとで初めて、目指す七尾城《ななおじょう》が落とされたことを知り、その上、従軍《じゅうぐん》してきた羽柴秀吉《はしばひでよし》（のちの豊臣《とよとみ》秀吉）が柴田勝家《しばたかついえ》と揉《も》め、離反《りはん》するなどして軍の統制《とうせい》はまったく取れていなかった。

「退《ひ》け――っ、退け――っ」

急いで撤退《てったい》しようとするも、夜の闇《やみ》、降《ふ》りしきる雨に加え、背後《はいご》は川。

しかも、川は雨で増水《ぞうすい》して深くなり、

流れも速くなっていた。
織田《おだ》軍の多くは川に飲《の》み込《こ》まれ、千人以上が戦死《せんし》。
謙信《けんしん》の大勝利となった。
「戦ってみると織田軍は案外弱いな」
直接《ちょくせつ》、信長《のぶなが》と戦えなかったのは残念だったが、上杉《うえすぎ》の武威《ぶい》は充分《じゅうぶん》に示《しめ》せた。
(信長、いずれ相まみえようぞ)
謙信はその日を楽しみに待つことにし、馬首を越後《えちご》へと巡《めぐ》らせたのだった。

その後の上杉謙信《うえすぎけんしん》

年が明けた天正《てんしょう》六年（一五七八年）一月。関東管領《かんとうかんれい》として関東を平定すべく、謙信は陣《じん》ぶれを出しました。まず北条《ほうじょう》を抑《おさ》え、その後、織田信長《おだのぶなが》を叩《たた》こうと決めたのです。

そうして、六万の兵を動員し、出陣《しゅつじん》を三月十五日と決めました。

が、その二日前の三月十三日。謙信は居城《きょじょう》・春日山城《かすがやまじょう》で死去。三月九日の朝に突然倒《とつぜんたお》れ、そのまま帰らぬ人となったのです。死因《しいん》は「虫気《むしけ》」。脳卒中《のうそっちゅう》だと言われています。四十九歳《さい》でした。

謙信は酒好きで有名で、「馬上杯《ばじょうはい》」という乗馬の間も酒を飲めるように工夫した盃《さかずき》を作らせたほど。辞世《じせい》の句はこのように伝わっています。

「四十九年一睡夢　一期栄華一盃酒」

（四十九年の人生は夢のごとく早く過ぎた。一代の栄華《えいが》は一杯《ぱい》の酒と同じだ）

突然死《とつぜんし》だったので、これは後世の作だと思われますが、酒好きな面が偲《しの》ばれます。

ちなみに謙信《けんしん》の酒の肴《さかな》は味噌《みそ》と塩。間違《まちが》いなく高血圧《こうけつあつ》だったと思われます。寒い日の朝に厠《かわや》を出たところでバッタリ倒《たお》れたそうですが……（英雄《えいゆう》の死《し》に様《ざま》としてはあまりカッコよくないので本編《ほんぺん》では書きませんでした）。

さて、困《こま》ったことに謙信は「後継《あとつ》ぎを誰《だれ》にするか」決めていませんでした。

謙信には四人の養子がいたのですが、そのうちのふたりはそれぞれ他家の跡取《あとと》りとなっていましたので、春日山城《かすがやまじょう》内にいる甥《おい》の景勝《かげかつ》と北条からきた景虎《かげとら》のふたりが候補《こうほ》に挙《あ》がりました。

そうして、謙信の後継者争《こうけいしゃあらそ》いが勃発《ぼっぱつ》。越後《えちご》に戦乱《せんらん》の渦《うず》が巻《ま》き起《お》こり、関東遠征《えんせい》どころではなくなるのですが……。

「御館《おたて》の乱《らん》」と呼《よ》ばれたこの内乱を誰が制《せい》したのか。

その行方《ゆくえ》はこのあとの「直江兼続《なおえかねつぐ》」で、お確《たし》かめください。

❖謙信《けんしん》の名言

上杉《うえすぎ》家に伝わる「上杉謙信公家訓《かくん》」。十六カ条《じょう》全文をここでご紹介《しょうかい》します。

一条「心に物なき時は心広く体泰《やすらか》なり」
二条「心に我儘《わがまま》なき時は愛嬌《あいきょう》失はず」
三条「心に欲《よく》なき時は義理《ぎり》を行ふ」
四条「心に私《わたくし》なき時は疑《うたが》ふことなし」
五条「心に驕《おご》りなき時は人を教ふ」
六条「心に誤《あやま》りなき時は人を畏《おそ》れず」
七条「心に邪見《じゃけん》なき時は人を育つる」
八条「心に貪《むさぼ》りなき時は人に諂《へつら》うことなし」
九条「心に怒《いか》りなき時は言葉和《やわ》らかなり」
十条「心に堪忍《かんにん》ある時は事を調《ととの》う」

十一条「心に曇《くも》りなき時は心静かなり」
十二条「心に勇《いさ》みある時は悔《く》やむことなし」
十三条「心賤《いや》しからざる時は願い好まず」
十四条「心に孝行《こうこう》ある時は忠節《ちゅうせつ》厚し」
十五条「心に自慢《じまん》なき時は人の善を知り」
十六条「心に迷いなき時は人を咎《とが》めず」

実際《じっさい》に謙信《けんしん》が遺《のこ》した言葉かどうか定かではないそうですが、それぞれ彼《かれ》の精神《せいしん》を汲《く》んだものので、全体を通して「私心（自分の利益《りえき》ばかり考える心）」「邪心《じゃしん》（よこしまな心）」を捨《す》てることが肝要《かんよう》であると説《と》いています。

三条はいかにも謙信らしい言葉ですよね。九条、十一条も本当にそのとおりで、常《つね》に穏《おだ》やかであることを心がけていれば、波風立たずにうまくいくということでしょう。

私《わたし》がいちばん好きなのは、十二条です。「勇気を持って事に臨《のぞ》めば、後悔《こうかい》することはない」というふうに私は解釈《かいしゃく》しています。一度きりの人生、失敗することは多々あれど、胸《むね》を張《は》って生きていきたいものです。

武将《ぶしょう》ファイル

上杉謙信《うえすぎけんしん》編

長尾為景《ながおためかげ》(1471-1542)

謙信《けんしん》の父。二度もの下剋上《げこくじょう》を起こし「越後《えちご》の梟雄《きょうゆう》」と呼《よ》ばれる。嫡男《ちゃくなん》の晴景《はるかげ》に家督《かとく》を譲《ゆず》るも、晴景が病弱なため、実質上《じっしつじょう》、死ぬまでトップに立ち続けた。

長尾晴景《ながおはるかげ》(1509-1553)

為景《ためかげ》の嫡男《ちゃくなん》で、謙信《けんしん》の長兄《ちょうけい》。身体《からだ》が弱かったため、当主としての器《うつわ》に欠けると言われ、家臣《かしん》たちに侮《あなど》られる。謙信を還俗《げんぞく》させるが、のちに家督《かとく》をめぐって対立。結局は負け、謙信を養子とすることで家督を譲《ゆず》り、隠居《いんきょ》した。

長尾政景《ながおまさかげ》(1526？-1564)

謙信《けんしん》の姉・綾姫《あやひめ》(仙洞院《せんとういん》)の夫。晴景派《はるかげは》だったため謙信と対立するが、のち、家臣《かしん》となる。第四次「川中島《かわなかじま》の戦い」の際《さい》は、春日山城《かすがやまじょう》の留守を守っていた。舟遊《ふなあそ》びの最中、酒に酔《よ》って池に落ち、溺死《できし》したといわれている。

小笠原長時《おがさわらながとき》(1514-1583)

信濃《しなの》の守護《しゅご》。信玄《しんげん》に追われ、謙信《けんしん》を頼《たよ》って越後《えちご》へ逃《のが》れる。謙信の死後は越後を出て、信長《のぶなが》に庇護《ひご》されたという。

村上義清《むらかみよしきよ》(1501-1573)

北信濃《きたしなの》の豪族《ごうぞく》。謙信《けんしん》登場以前の信玄《しんげん》最大の敵《てき》。結局は信濃を追われ、謙信を頼《たよ》って越後《えちご》へ逃《のが》れる。義清と小笠原長時《おがさわらながとき》が謙信を頼ったことが「川中島《かわなかじま》の戦い」へとつながった。彼《かれ》の息子《むすこ》「山浦景国《やまうらかげくに》」は謙信の養子となった。

北条高広《きたじょうたかひろ》（1517？-1587？）

二度も謙信《けんしん》に背《そむ》くが、許《ゆる》される。かなりの実力者だったらしい。

直江景綱《なおえかげつな》（1509？-1577）

謙信《けんしん》の重臣《じゅうしん》。第四次「川中島《かわなかじま》の戦い」では、信玄《しんげん》の嫡男《ちゃくなん》・義信《よしのぶ》を追《お》い詰《つ》めたという。

柿崎景家《かきざきかげいえ》（1513？-1574）

謙信《けんしん》の重臣《じゅうしん》。第四次「川中島《かわなかじま》の戦い」では、先鋒《せんぽう》を務め、武田《たけだ》軍を追《お》い詰《つ》めた。

柴田勝家《しばたかついえ》（1522-1583）

織田信長《おだのぶなが》の重臣《じゅうしん》。「手取川《てどりがわ》の戦い」で謙信《けんしん》に大敗する。信長没後《のぶながぼつご》、信長の妹・お市《いち》の方《かた》と結婚《けっこん》するが、「賤ヶ岳《しずがだけ》の戦い」で秀吉《ひでよし》に敗《やぶ》れ、自害《じがい》した。

※武将じゃありませんが……

天室光育《てんしつこういく》（1470？-1563）

為景《ためかげ》から謙信《けんしん》の養育を任《まか》された名僧《めいそう》。林泉寺《りんせんじ》の住職《じゅうしょく》。謙信の武将《ぶしょう》としての素質《そしつ》を早くから見抜《みぬ》いていたという。

姫《ひめ》ファイル

上杉謙信《うえすぎけんしん》編

虎御前《とらごぜん》（1512?-1568）

謙信《けんしん》の生母。為景《ためかげ》の側室《そくしつ》だった。実名は伝わっておらず、「景虎《かげとら》の母」ということで、「虎御前」と称《しょう》されることが多い。謙信を身ごもったとき「毘沙門天《びしゃもんてん》が現《あらわ》れた」という話はよくある英雄譚《えいゆうたん》のひとつ。

綾姫《あやひめ》（仙桃院《せんとういん》）（1524？-1609）

謙信《けんしん》の姉。謙信はこの姉を慕《した》い、夫の政景《まさかげ》の死後、彼女《かのじょ》と子どもたちを春日山《かすがやま》城《じょう》に呼《よ》び寄《よ》せた。謙信には妻《つま》がいないので、彼女《かのじょ》に城《しろ》の奥向《おくむ》きのことを任《まか》せ、子どもたちを養子にした。

直江《なおえ》兼続《かねつぐ》

――「愛」の兜《かぶと》で知られる上杉《うえすぎ》家の執政《しっせい》――

直江《なおえ》兼続《かねつぐ》 年表

1560年（永禄《えいろく》3年）	越後《えちご》に生まれる（1歳《さい》）
1564年（永禄7年）	坂戸城《さかどじょう》から春日山城《かすがやまじょう》へ移《うつ》る（5歳）
1578年（天正《てんしょう》6年）	御館《おたて》の乱《らん》（19歳）
1581年（天正9年）	お船《せん》の方《かた》と結婚《けっこん》し、直江家を継《つ》ぐ（22歳）
1585年（天正13年）	落水《おちりみず》会談に同席（26歳）
1600年（慶長《けいちょう》5年）	長谷堂城《はせどうじょう》の戦い（41歳）
1619年（元和《げんな》5年）	江戸《えど》で死去（60歳）

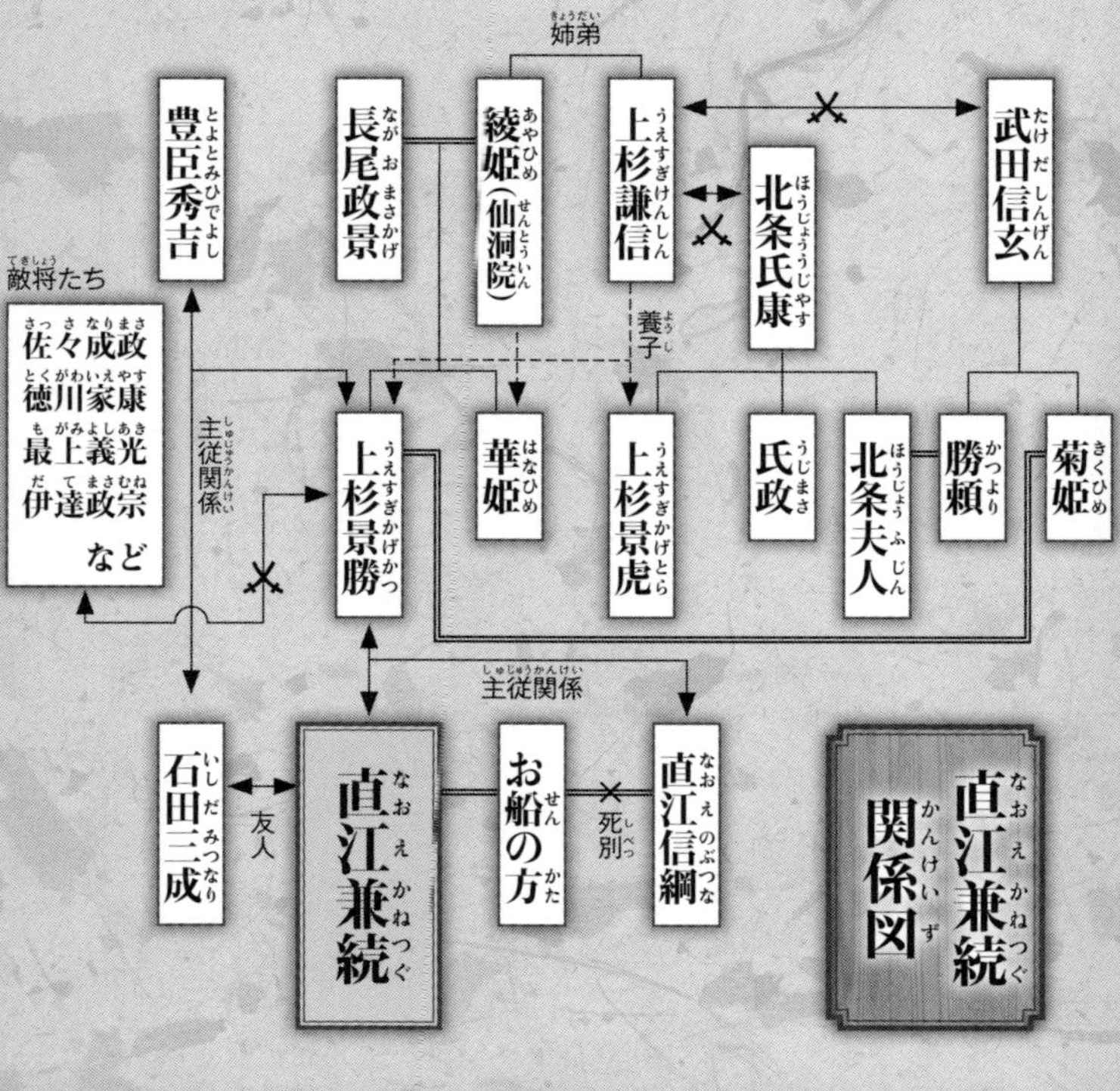

一　春日山城《かすがやまじょう》へ

――永禄《えいろく》七年（一五六四年）――


春の陽射《ひざ》しがあたたかく降《ふ》り注《そそ》ぐ中――。

越後国《えちごのくに》は坂戸城下《さかどじょうか》の禅寺《ぜんでら》「雲洞庵《うんとうあん》」の参道《さんどう》の途中《とちゅう》で立ちつくし、下を向いて考《かんが》え込《こ》んでいるひとりの男の子がいた。

他の子どもたちは不思議《ふしぎ》そうな顔をしながら、その子の横を素通《すどお》りして、寺の中へと入っていく。

少し進んでは下を向き、進んではまた下を向き……。そんな動作を繰《く》り返《かえ》しているその子のもとに、美しい夫人がひとり近づき、声をかけた。

「これ、そのようなところでいったいなにをしているのです？」

「あ……えーと」

男の子は顔を上げ、少し困《こま》った顔でこう言った。

「この参道の石畳《いしだたみ》は、石のひとつひとつに裏《うら》に法華経《ほけきょう》の一文字が彫《ほ》られていると聞きました。すると、このあたりの石はなんの文字が彫《ほ》られているのだろうと思ったら、気になって仕方なくなってきたのです」

「まあ……」

その夫人はおもしろそうに目を細めた。

赤門から本堂へと伸《の》びるこの参道は、歩くだけで仏《ほとけ》の功徳《くどく》があると言われている。

(皆《みな》、歩くだけでありがたがって、どの石にどの文字がなどとは気にかけないものなのに。私《わたし》が探《さが》していたのは、まさにこのような性質《せいしつ》の子だわ)

「あなた、名はなんというの？」

「わ、わたしは、よ、与六《よろく》です」

男の子——与六は真っ赤になった。

微笑《ほほえ》んで自分を見つめてくるこの夫人が、よく見れば、華《はな》やかな美しさを持っていたからだ。しかも、さりげなく距離《きょり》を取り、御付《おつ》きの者たちが何人も控《ひか》えている。

高貴《こうき》な身分の奥方《おくがた》が、お忍《しの》びで訪《おとず》れたのだろう。

「お、遅《おく》れますゆえ、わたしはこれで」

失礼します！　と与六《よろく》は本堂に向かって走っていく。

その後《うし》ろ姿《すがた》を見送っていると、ひとりの僧《そう》が夫人に声をかけてきた。

この寺の高僧・北高全祝《ほっこうぜんしゅく》である。

「これはこれは奥方《おくがた》さま。このようなところでどうなさったのです」

「全祝殿《どの》、今のは、どこの子かしら？」

全祝は参道を走っていく小さな背中《せなか》を見つめ、答えた。

「あれは薪炭奉行《しんたんぶぎょう》・樋口兼豊《ひぐちかねとよ》殿の長男・与六です。年が明けてから、この寺で学ぶようになりました。まだ五歳《さい》ですが、とても才気あふれる目をしている――将来《しょうらい》が楽しみな子ですよ」

「そう……。では、城《しろ》に帰って政景《まさかげ》様に相談してみることにします。卯松《うのまつ》を、よろしく頼《たの》みますね」

夫人は楽しげな顔で、帰っていった。

数日後――。与六は坂戸城《さかどじょう》に呼《よ》ばれた。

与六《よろく》を呼《よ》び出《だ》したのは、先日、寺で話しかけてきた夫人である。

この時点ではすでに与六は、夫人が何者かわかっていた。

目の前にいるのは、坂戸城《さかどじょう》城主・長尾政景《ながおまさかげ》の妻《つま》・綾姫《あやひめ》である。

「あなたには、うちの卯松《うのまつ》の近習《きんじゅう》として、そばで仕《つか》えてほしいの。あなたの父上にはすでに話を通してあります。どうかしら？」

「も、もももももちろん、きょ、恐悦至極《きょうえつしごく》に存《ぞん》じます！」

耳まで真っ赤になった与六が一も二もなく承諾《しょうだく》すると、綾は「ふふっ」と微笑《ほほえ》み、障子《しょうじ》の向こうに声をかけた。

「卯松、こちらへいらっしゃい」

すっ、と障子を開けて入ってきたのは、政景の嫡男《ちゃくなん》・卯松だった。御年《おんとし》十歳《さい》。与六より五つ年上の少年である。

卯松も同じ寺に通っているので、見かけたことはあるが、これまで直接《ちょくせつ》話をしたことはない。

「与六、よろしく頼《たの》む」

無表情《むひょうじょう》のまま卯松《うのまつ》が言うと、与六《よろく》はがばっと頭を下げた。

「は、はい！　精一杯《せいいっぱい》、お仕《つか》えさせていただきます！」

そう誓《ちか》い、ちらり、と一瞬《いっしゅん》だけ目を上げる。

卯松の目が、微《かす》かに笑っているように、与六には見えた。

卯松は『笑わない若様《わかさま》』として、坂戸《さかど》の家臣《かしん》たちに知られていた。

それゆえ、母親である綾《あや》は心配していたのだ。

長じたのち、殿《との》はなにを考えているかわ

からぬ、と不審《ふしん》や不満を抱《いだ》く家臣《かしん》たちが現《あらわ》れるかもしれない。それはいずれ、卯松《うのまつ》自身の身を滅《ほろ》ぼしかねない事態《じたい》を引き起こす恐《おそ》れがあると。

(卯松には、幼《おさな》い頃《ころ》からそばにいて、卯松の考えを読み取ることのできる者が必要だとずっと思っていました……。与六《よろく》はまさにうってつけだわ)

こうして、綾《あや》に見いだされた与六は、卯松の近習《きんじゅう》となったのだが――。

早くもこの年の夏、人生二回目の転機が訪《おとず》れる。

それは、卯松の父――長尾政景《ながおまさかげ》の死によってもたらされたのだった。

七月――。

夏の盛《さか》りだというのに、坂戸城下《さかどじょうか》は暗い悲しみに包まれていた。

城主の政景が、野尻池《のじりいけ》で宇佐美定満《うさみさだみつ》という老将《ろうしょう》と舟《ふね》の上で酒宴《しゅえん》を催《もよお》していたところ、酔《よ》った勢《いきお》いであやまって池に落ち、溺《おぼ》れ死んでしまったのである。

政景《まさかげ》だけでなく定満《さだみつ》も亡《な》くなり、越後《えちご》の守護《しゅご》・上杉輝虎《うえすぎてるとら》（のちの上杉謙信《けんしん》）は重臣《じゅうしん》をいっぺんにふたりも失うこととなった。

政景の死以後、輝虎は何度も坂戸城《さかどじょう》を訪《おとず》れ、綾《あや》を慰《なぐさ》めた。綾は輝虎の姉にあたる姫《ひめ》なのである。

「姉上、どうぞ春日山城《かすがやまじょう》へお越《こ》しください。春日山城は姉上が生まれ育った城《しろ》。なんの遠慮《えんりょ》がありましょう」

輝虎は綾の三人の子ども――卯松《うのまつ》とふたりの姫を養子として育てると申し出てくれ、綾はとても感謝《かんしゃ》した。

「輝虎、ありがとう。あなたはいつも私《わたし》を助けてくれるのね」

「弟として当然のことをしたまでです。姉上には城の奥向《おくむ》きのことをお願いしたい。私には妻《つま》がおりませぬゆえ」

綾は夫の菩提《ぼだい》を弔《とむら》うために出家し、仙洞院《せんとういん》と呼《よ》ばれるようになった。仙洞とは、仙人の住処《すみか》を意味する。

こうして、仙洞院の一家が春日山城に移《うつ》ることになり――。

近習《きんじゅう》の与六《よろく》も当然、ついていくことになった。

卯松《うのまつ》は春日山城《かすがやまじょう》で元服《げんぷく》。名を喜平次顕景《きへいじあきかげ》と改めた。

新しい生活をはじめた卯松の顔は、相変わらず表情《ひょうじょう》に乏《とぼ》しかった。

が、ずっとそば近くに仕《つか》えている与六には、卯松――いや、喜平次の心の内がわかっていた。

（若様《わかさま》は悲しみに耐《た》えておられるのだ。お父上を亡《な》くされた悲しみと、生まれ育った坂戸城《さかどじょう》を離《はな》れた悲しみに……）

しかし、その反面、うれしいこともあった。

越後《えちご》の中心・春日山城に移《うつ》った与六たちは、時折、輝虎《てるとら》の教えを受ける機会に恵《めぐ》まれたのである。

輝虎は越後の守護《しゅご》だけに収まらず、関東管領上杉憲政《かんとうかんれいうえすぎのりまさ》に望まれ、養子となって管領職《しょく》を継《つ》いだ優秀《ゆうしゅう》な武将《ぶしょう》で、越後の民は皆《みな》、敬愛《けいあい》の念を抱《いだ》いている。

（〝越後の龍《りゅう》〟と謳《うた》われ、諸国《しょこく》の武将たちにも尊敬《そんけい》されている輝虎様のお話を聞けるなんて！）

と瞳《ひとみ》を輝《かがや》かせ、緊張《きんちょう》の面持《おもも》ちで与六《よろく》は輝虎《てるとら》の話を一生懸命《いっしょうけんめい》聞く。

「人の上に立つ人間は、その言動に責任《せきにん》を持たねばならない。深い思慮《しりょ》を持って言葉を発するよう。軽率《けいそつ》なことを言ってはならぬ」

「心に曇《くも》りがなければ、心は静かだ。人の上に立つ者は決して動じず、己《おのれ》というものをしっかり保《たも》ち、人と相対《あいたい》し、物事を見極《みきわ》めよ」

「心に欲《よく》なき時は義理《ぎり》を行う。本来、人の道とはそういうもの。私《わたし》は私欲《しよく》のために弓矢は取らぬ。ただ筋目《すじめ》をもって、いずこへも力を貸《か》す」

筋目とは、すなわち「義」。

輝虎にとって、戦《いくさ》とは己の利益《りえき》のためでなく、世の中の秩序《ちつじょ》や正しさを守るためにするものであった。

そして、その言葉の通り、輝虎はこれまで相模《さがみ》の北条《ほうじょう》に上野《こうずけ》を追われた関東管領《かんとうかんれい》の上杉憲政《うえすぎのりまさ》や、甲斐《かい》の武田《たけだ》に追われた信濃《しなの》の守護《しゅご》・小笠原長時《おがさわらながとき》や、北信濃の豪族《ごうぞく》・村上《むらかみ》義清《よしきよ》などを受け入れ、北条や武田を討《う》つべく兵を挙《あ》げ、戦ってきたのである。

「しかし、領地《りょうち》を奪《うば》わなければ、国は富《と》まないのでは……？」

喜平次《きへいじ》の近習《きんじゅう》のひとりがつぶやくと、喜平次が固い表情《ひょうじょう》で言った。

「越後《えちご》は広く、山の幸《さち》、海の幸がある。米も獲《と》れ、金銀も採《と》れ、青苧《あおそ》もある。いたずらに土地を広げなくとも、それで充分《じゅうぶん》だと思います」

その言葉を受けて、与六《よろく》もうなずく。

「はい。欲《よく》は過ぎると身を滅《ほろ》ぼします。倹約《けんやく》に努《つと》めるが肝要《かんよう》です」

すると、輝虎《てるとら》が与六を見た。

「そちは、たしか与六といったか。幼《おさな》いがなかなか見所があるな。これからも学問に励《はげ》み、喜平次を支《ささ》えよ」

「はい!」

こうして、日々はまたたく間に過ぎ――。

永禄《えいろく》十三年(一五七〇年)三月、輝虎《てるとら》は新たに養子を迎《むか》えた。その前年に、上杉《うえすぎ》と北条《ほうじょう》が同盟《どうめい》を結び、その証《あかし》として北条氏康《うじやす》の七男・三郎《さぶろう》を養子とし、喜平次の姉・華《はな》姫《ひめ》の婿《むこ》としたのである。

そして、三郎《さぶろう》は輝虎《てるとら》から「景虎《かげとら》」の名をもらった。

「輝虎《てるとら》様の初名《しょめい》をいただけるなんて……とても光栄です」

「三郎《さぶろう》――いや、景虎《かげとら》。そちはもう上杉《うえすぎ》家の人間。越後《えちご》の民のために働いてほしい」

輝虎はすっかり景虎を気に入ったらしい。

景虎は顔立ちも良く、涼《すず》やかな瞳《ひとみ》をしていた。誰《だれ》もが惹《ひ》かれずにはおられないような不思議《ふしぎ》な魅力《みりょく》にあふれた若者《わかもの》である。

祝言《しゅうげん》の間、華《はな》は夫の横顔に時折見とれたりして、ぽーっと顔を赤らめている。

喜平次の顔は相変わらず無表情《むひょうじょう》に近いが――。

与六《よろく》には、わかっていた。

(喜平次様は不安を感じておられるのだ)

景虎に対し、嫉妬《しっと》を覚えているのかもしれない。

そんな喜平次を案じながら、与六はまだ坂戸城《さかどじょう》にいた頃《ころ》のことを思い出していた。

ある日、喜平次(その頃は卯松《うのまつ》)が、仮名手本《かなてほん》を見せてくれたのである。

それは、卯松が八歳《さい》のときに、関東遠征《えんせい》中の輝虎(当時は景虎)がかわいい甥《おい》のために自ら筆を取って「いろは」の文字を記したものだった。

それを見せるときでも、卯松《うのまつ》の表情《ひょうじょう》は乏《とぼ》しかったが、与六《よろく》には卯松が、その仮名手本《かなてほん》をとても大事に思っていることが伝わってきた——。

(景虎《かげとら》様は政略上《せいりゃくじょう》、養子にもらったまで。血のつながった甥《おい》である喜平次《きへいじ》様への輝虎《てるとら》様の愛情《あいじょう》は変わらないと信じたい)

輝虎は誰《だれ》よりも義《ぎ》に厚い男。

いずれ、なにもかもはっきりするだろう。

が——。

そんな与六の気持ちとは裏腹《うらはら》に、八年後——越後《えちご》に内乱《ないらん》の嵐《あらし》が巻《ま》き起《お》こることとなった。

上杉《うえすぎ》家の後継者争《こうけいしゃあらそ》い「御館《おたて》の乱」である。

❖ 兼続《かねつぐ》の先祖《せんぞ》は？

兼続の父は低い身分だったという説もありますが、樋口《ひぐち》家の先祖は「平家物語」にも登場する「木曽義仲《きそよしなか》」の乳父《めのと》「中原兼遠《なかはらのかねとお》」だと言われています。彼《かれ》の息子《むすこ》ふたりは義仲の重臣《じゅうしん》となり、平家追討《ついとう》で武勇《ぶゆう》を馳《は》せました。

そのうちのひとりが「樋口兼光《かねみつ》」で、本姓《ほんせい》は中原ですが、信濃国《しなののくに》の樋口谷《ひぐちだに》というところを拠点《きょてん》としていたので「樋口」と称《しょう》するようになったそうです。この樋口家の通字《つうじ》は「兼」で、兼続《かねつぐ》の父も「兼豊《かねとよ》」という名です。樋口家の先祖はいつしか信濃から越後《えちご》に移《うつ》ったようですが、その経緯《けいい》は残念ながら、はっきりとはわかっていません。

さて、先祖の兼光ですが、彼の妹は女武者《おんなむしゃ》として有名な「巴御前《ともえごぜん》」です。彼女《かのじょ》は力が強く、敵将《てきしょう》の首をねじ切ったと言われるほどですが、その美しさも「平家物語」で「色白く髪《かみ》長く、容顔《ようがん》まことに美麗《びれい》なり」と称《たた》えられています。兼続のイケメンぶりは先祖から受《う》け継《つ》がれてきたものだったかもしれません。

二　御館《おたて》の乱《らん》

——天正《てんしょう》六年（一五七八年）——


天正六年（一五七八年）三月十三日。

越後《えちご》の龍《りゅう》——上杉謙信《うえすぎけんしん》、死去。

四日前の三月九日の朝に倒《たお》れ、そのまま意識《いしき》が戻《もど》らず、帰らぬ人となった。

謙信は三月十五日に関東遠征《えんせい》の旅に出発する予定でおり——その矢先の、急な出来事であった（輝虎《てるとら》は八年前に謙信に改名）。

これにより、春日山城《かすがやまじょう》は一気に混乱《こんらん》の渦《うず》の中に叩《たた》き込《こ》まれた。

困《こま》ったことに、謙信は生前、後継者《こうけいしゃ》をはっきりと決めていなかったのだ。

「越後はこの先どうなるのだ」

「関東遠征などと言っている場合ではないぞ」

謙信の養子は四人。

そのうちのふたりは他家の家督《かとく》をすでに継《つ》いでいるが、謙信の手元には、景勝《かげかつ》と景《かげ》虎《とら》が残っていた。

景勝《かげかつ》とは、かつての喜平次《きへいじ》である。三年前に名を「景勝」に改め、与六《よろく》もこの頃《ころ》には元服《げんぷく》し、「兼続《かねつぐ》」という名にしていた。

謙信《けんしん》が亡くなったとき、景勝は春日山城《かすがやまじょう》の二《に》の丸《まる》近くの「ならひの曲輪《くるわ》」にいた。

当然のことながら、景勝の周りにいる者は誰《だれ》しも、

「後継《あとつ》ぎは景勝様に決まっている」

「ああ、なにせ、謙信公の実の甥《おい》であるからな」

と思っていたが、

「しかし、景虎様は謙信公の初名《しょめい》をいただくほどのお気に入り……」

「景虎様の妻《つま》・華姫《はなひめ》様は謙信公の実の姪《めい》……。どちらが後継ぎになっても、姉の仙洞《せんとう》院《いん》様の血を引く子が上杉《うえすぎ》家を継ぐことに変わりはない」

という事実も合わせて考えると、いくつか景勝に不利な面も見えてきた。

景虎は、もとは北条《ほうじょう》の出身。ということは、北条家の後《うし》ろ盾《だて》がある。それに景虎と華の間には道満丸《どうまんまる》という男子がいるが、まだ独《ひと》り身《み》の景勝には妻《つま》も子もいないのだ。

この時点では、五分と五分。

そんな中、景勝側《かげかつ》に有利に働く話が聞こえてきた。

謙信《けんしん》が倒《たお》れたとき、いち早く駆《か》けつけた重臣《じゅうしん》・直江信綱《なおえのぶつな》の妻《つま》・お船《せん》の方《かた》が、

「私《わたし》、たしかに聞きました。『後継《あとつ》ぎは景勝』……と」

と言ったというのだ。

確証《かくしょう》はない。

が、兼続《かねつぐ》は心を決めた。

「景勝様、本丸《ほんまる》に移《うつ》りましょう。北条《ほうじょう》が関わってくる前に動くのです」

景勝の目を見ると、目を合わせて深くうなずいてくれた。

そうして、景勝は本丸の金蔵《かねぐら》と武器蔵《ぶきぐら》を占領《せんりょう》し、越後《えちご》の内外に向けて自分こそが「後継者《こうけいしゃ》」である旨《むね》の書状《しょじょう》を出した。

これに慌《あわ》てたのは、景虎《かげとら》である。が、時すでに遅《おそ》し。景虎は本丸に入ることをあきらめ、二《に》の丸《まる》に立てこもった。

景勝はすぐに二の丸を攻撃《こうげき》。こうして春日山城《かすがやまじょう》内で、いくつかの内乱《ないらん》の嵐《あらし》が吹《ふ》き荒《あ》

れたのち――。

景虎《かげとら》は城《しろ》を出、上杉憲政《うえすぎのりまさ》の館《やかた》・御館《おたて》に逃《のが》れ、そこに立てこもった。

上杉憲政はかつての関東管領《かんとうかんれい》で、謙信《けんしん》の養父である。

そして、景勝《かげかつ》の母・仙洞院《せんとういん》も景虎側につき、御館に移《うつ》っていった。

困《こま》ったことに景虎がこのふたりを味方につけたことで、ますます後継者争《こうけいしゃあらそ》いの行方《ゆくえ》はわからなくなってしまった。

「母上は……私《わたし》を見捨《みす》てたのか」

「それは違《ちが》います、景勝様。仙洞院様はおそらく華姫《はなひめ》様やそのお子様方を守りたいと考えておられるのです」

その昔、景勝の父・政景《まさかげ》が謙信に対し、謀叛《むほん》を起こしたことがあった。そのとき、仙洞院は夫のそばにいて、坂戸城《さかどじょう》から出なかった。

その話を思い出し、兼続は景勝に言った。

「仙洞院様はご自分がそばにいることで、大切な家族を守れるとお考えなのですよ」

「だが、景虎と和解《わかい》するのは難《むずか》しい……」

時間が経《た》つにつれ、景勝《かげかつ》に不利な状況《じょうきょう》となるのは目に見えていた。

景虎《かげとら》は実家である相模《さがみ》の北条《ほうじょう》の援軍《えんぐん》をあてにできるが、もともと越後《えちご》で生まれ育った景勝にはそれが期待できないのだ。

やがて景虎の援軍として、北条から要請《ようせい》を受けた武田《たけだ》軍が越後に兵を進めてきた。北条はすぐに動けず、代わりに同盟《どうめい》関係である武田に援軍を頼《たの》んだのである。武田勝《かつ》頼《より》の妻《つま》が景虎の妹――つまり、景虎は武田とも義兄弟《ぎきょうだい》の関係にあるのだ。

（このままでは、いずれ春日山城《かすがやまじょう》は敵《てき》に包囲されてしまう……）

絶体絶命。

焼け落ちる春日山城の中で、無念のうちに腹《はら》を切る景勝と自分――。

そんな絶望的な光景を思《おも》い浮《う》かべた瞬間《しゅんかん》、兼続《かねつぐ》の脳裏《のうり》にひらめきが走った。

「武田を味方につけましょう」

「兼続……？　なにを考えているのだ」

景勝が目をみはる。

他の重臣《じゅうしん》たちも驚《おどろ》いて、兼続を見る。

「兼続殿《かねつぐどの》、武田《たけだ》は謙信《けんしん》公の長年の敵《てき》であったのですぞ」

「川中島《かわなかじま》での戦いが五度に及《およ》んだうえに、決着がつかなかったのは、ご存《ぞん》じであろう」

それに対し、兼続は強い目で言った。

「だからこそ、です。決着がつかなかったということは、上杉《うえすぎ》と武田、どちらが上ということもない。武田を下に見ることも上に見ることもなく、同盟《どうめい》を持ちかけられます」

それから、兼続を中心に話し合いが進められ、景勝《かげかつ》側の方針《ほうしん》が決まった。

金一万両《りょう》の送付と領土《りょうど》の一部を譲渡《じょうと》すること、そして、勝頼《かつより》の妹・菊姫《きくひめ》を同盟の証《あかし》として景勝の妻《つま》に迎《むか》えること。

これを伝えると、「長篠《ながしの》の戦い」で国力の低下を招《まね》いていた勝頼は景勝側についた。

それからもしばらくの間、景勝と景虎《かげとら》の争いは続き――。

謙信《けんしん》の死から一年後にようやく終結した。

景虎と華《はな》が自害し、上杉憲政《のりまさ》と、景虎の息子《むすこ》・道満丸《どうまんまる》も殺されたのである。

娘《むすめ》夫婦とまだ九歳《さい》と幼《おさな》い孫を失った景勝《かげかつ》の母・仙洞院《せんとういん》は、悲しみの涙《なみだ》にくれながら春日山城《かすがやまじょう》に戻《もど》ってきた。

のちに「御館《おたて》の乱《らん》」と呼《よ》ばれるこの内乱《ないらん》が終わったものの、しばらくは平穏《へいおん》とはいえぬ日々が続いた。

天正《てんしょう》九年（一五八一年）には、家臣《かしん》の新発田重家《しばたしげいえ》が織田信長《おだのぶなが》に通じ、謀叛《むほん》を起こしたのである。

そして、同じ年の九月、春日山城内で刃傷沙汰《にんじょうざた》が起きた。

「御館の乱」の論功行賞《ろんこうこうしょう》を不服とする毛利秀広《もうりひでひろ》が山崎秀仙《やまざきしゅうせん》を斬《き》り、その場に居合《いあ》わせた直江信綱《なおえのぶつな》をも斬殺《ざんさつ》してしまったのである。毛利秀広はすぐに討《う》ち取《と》られたが、巻《ま》き添《ぞ》えを食った直江家は御家断絶《おいえだんぜつ》の危機《きき》に見舞《みま》われてしまい――。

それを憂《うれ》いた景勝は、ある日、兼続《かねつぐ》を呼《よ》び出《だ》した。

兼続《かねつぐ》が参じると、すでにひとりの女性《じょせい》が控《ひか》えていた。亡《な》き直江信綱《なおえのぶつな》の妻《つま》・お船《せん》の方《かた》である。このお船こそ、「後継《あとつ》ぎは景勝《かげかつ》」と謙信《けんしん》の遺言《ゆいごん》を聞いた女性《じょせい》だ。

「名門である直江家が絶《た》えるのは、非常につらいものがある。そこで、兼続。おまえに相談がある」

「はい、わたしにできることでしたら、なんなりと」

「では、兼続、お船の横に座《すわ》れ」

「は、はい……」

怪訝《けげん》に思いながらもお船のとなりに座り直すと、景勝が「うむ」とうなずいた。

「なかなか似合《にあ》いだ。兼続、お船と夫婦《めおと》になり、直江家を継《つ》げ」

「え？　ええっ？」

突然《とつぜん》の言葉に、兼続は目を丸くするしかない。

「で、ですが、わたしは樋口《ひぐち》家の長男で――」

「おまえには弟がおろう。問題ない。それとも、お船が嫁《よめ》では不服か？」

「い、いえっ、とんでもない」

お船《せん》は兼続《かねつぐ》より、三歳《さい》年上。信綱《のぶつな》との間に、残念ながら子はなかった。それで、景《かげ》勝《かつ》はまだ独《ひと》り身《み》である兼続を直江《なおえ》家へ婿養子《むこようし》に入れることを考えたのだろう。

それに景勝が謙信《けんしん》の後継者《こうけいしゃ》となったのは、お船のおかげでもある。その恩《おん》に報《むく》いたいと思ったのかもしれない。

「姉《あね》さん女房《にょうぼう》では不満か？　おまえは年上好きだと思っていたがな。おまえは子どもの頃《ころ》から私《わたし》の母に憧《あこが》れていただろう？　だから、年上の女でも抵抗《ていこう》がないと思って」

無表情《むひょうじょう》ながらも、からかうように景勝が言う。

「な、なななな」

顔を赤らめる兼続に、お船がくすりと笑った。

「兼続様、どうぞよろしくお願いします」

こうして、兼続はお船と結婚《けっこん》し、名を「直江兼続」と改めた。

❖二頭政治

上杉《うえすぎ》家の政治は、「当主」景勝《かげかつ》と「執政《しっせい》」兼続《かねつぐ》の二人三脚《ににんさんきゃく》で行われていました。「執政」は正式な役職名《やくしょくめい》ではなく、軍務《ぐんむ》と政務を一手に担《にな》う役割《やくわり》という意味で用いられており、兼続は二十代の若《わか》さでこれをこなしていたのです。上杉家では、景勝を「上様」と呼《よ》ぶのに対し、兼続は「旦那《だんな》」と呼ばれていたとか。

景勝はなんでも兼続に相談しましたが、兼続は忠義《ちゅうぎ》に厚い人間で、常《つね》に景勝を立てていたので、政治は非常に円滑《えんかつ》に行われていたようです。

ちなみに、兼続は「姿容《しよう》美しく、言語晴朗《せいろう》」とのちの書物にあるように、「頭が良く、はきはきしゃべる美少年」だったそうですが、残っている甲冑《かっちゅう》などから、大男だったことがうかがえます。厳格《げんかく》で無口で小柄《こがら》な景勝とは対照的。景勝のとっつきにくい面は、兼続がそばにいることで、かなりカバーされていたのではないかと思います。

三　落水《おちりみず》会談《かいだん》

——天正《てんしょう》十三年（一五八五年）——

兼続《かねつぐ》が直江《なおえ》家の家督《かとく》を継《つ》いだ、翌年《よくとし》の天正十年（一五八二年）、「本能寺《ほんのうじ》の変」が起きた。

これにより、織田信長《おだのぶなが》が歴史の舞台《ぶたい》から消えてしまい、信長の後継者争《こうけいしゃあらそ》いは信長の子どもたちではなく、重臣《じゅうしん》たちの間で繰《く》り広《ひろ》げられることとなった。

そうした中で、柴田勝家《しばたかついえ》を討《う》ち、対立していた佐々成政《さっさなりまさ》や徳川家康《とくがわいえやす》を配下に置くことに成功したのが、羽柴秀吉《はしばひでよし》（のちの豊臣《とよとみ》秀吉）である。

この秀吉の動きに、じつは越後《えちご》の上杉《うえすぎ》も一役《ひとやく》買っていた。景勝《かげかつ》は秀吉と結び、柴田勝家側についていた佐々成政を牽制《けんせい》したのである。これにより、成政は越中《えっちゅう》から動けず、勝家は「賤ヶ岳《しずがたけ》の戦い」に敗《やぶ》れ、滅《ほろ》んだのだ。

そうして、佐々成政を下した秀吉はそのまま東に進み、越後と越中の国境《くにざかい》にある落《おち》水城《みずじょう》の城下に腰《こし》を落ち着け、城主の須賀盛能《すがもりよし》に、「上杉景勝殿《どの》にお会いしたい」「直接《ちょくせつ》、おいで願いたい」旨《むね》、使いを出した。

密談《みつだん》の申《もう》し込《こ》みである。

落水《おちりみず》からの早馬で、この報《しら》せを受けた上杉《うえすぎ》家中はざわついた。

「秀吉《ひでよし》はわずかな供連《ともづ》れだけで落水に来たらしい」

「供は三十八人と聞いたぞ」

「なんと。丸腰《まるごし》同然ではないか」

「これは秀吉を討《う》つ絶好の機会では？」

逸《はや》る家臣《かしん》たちを見渡《みわた》した景勝《かげかつ》は、兼続《かねつぐ》と目が合うと深くうなずいた。

兼続は景勝の心中を読み取り、こう言った。

「上杉家は義《ぎ》を重んじる家柄《いえがら》。駕籠《かご》の中の鳥を殺すのはたやすいが、それでは義《ぎ》は成り立たない。秀吉はおそらく上杉家の家風を承知のうえで、丸腰で来たのだろう。それを討つは武士《ぶし》の名折れだ」

それから、すぐに落水に向かう仕度《したく》を整え、景勝は春日山城《かすがやまじょう》を出発した。

供はわずかに三十五人。その中には当然、兼続の姿《すがた》もあった。

そうして、落水城《おちりみずじょう》の奥《おく》——とある部屋《へや》で景勝《かげかつ》は秀吉《ひでよし》と対面した。

ふたりともそばにつけた家臣《かしん》は、ひとり。

景勝は兼続《かねつぐ》、秀吉は石田三成《いしだみつなり》である。

このとき、兼続、三成はともに二十六歳《さい》。

「越後《えちご》まで来られるとは驚《おどろ》きました」

兼続が笑って言うと、三成が微笑《ほほえ》みを浮《う》かべつつ切り返してきた。

「秀吉様は人を驚かすのがお好きなのです」

（これが石田三成か——）

三成は面長《おもなが》で鼻筋《はなすじ》が通り、女性《じょせい》のような顔立ちをしていた。一見、やさしげな雰囲《ふんい》気《き》ではあるが、油断《ゆだん》ならない鋭《するど》さが瞳《ひとみ》の奥《おく》に潜《ひそ》んでいる。

これまで書状《しょじょう》でのやり取りは幾度《いくど》もしているが、顔を見て話すのは初めてだ。

「景勝殿《どの》は上杉謙信《うえすぎけんしん》公の甥《おい》——それゆえ、義《ぎ》を重んじる人物だと聞いておったが、誠《まこと》にそうであったな」

秀吉は非常に機嫌《きげん》がよかった。

それを見て、兼続《かねつぐ》は心の中で、ほっと息をついた。

（やはり、わずかな供《とも》だけで来てよかった）

「今日《きょう》はな、景勝殿《かげかつどの》にお願いがあって来たのだ。まだ少し先の話じゃが、由緒《ゆいしょ》ある家《いえ》柄《がら》の景勝殿が、わしの顔を立ててくれたら非常に助かるんじゃがのう」

秀吉《ひでよし》の狙《ねら》いがわかり、兼続は内心唸《うな》った。

今は同盟《どうめい》関係にあるが、いずれ秀吉が天下を取れば主従《しゅじゅう》関係となる――。そのときには盾突《たてつ》かず、秀吉の天下を盛《も》り立《た》ててほしいと、そう根回しをしに来たのだ。

膝《ひざ》と膝を突《つ》き合《あ》わせて話をされれば、悪い気はしない。

「……天下泰平《たいへい》のためであれば」

景勝がいつものように、無表情《むひょうじょう》のままうなずく。

その意を察し、

「謙信《けんしん》公は常々《つねづね》言っておられました……『私欲《しよく》のために弓矢は取らぬ。ただ筋目《すじめ》を持っていずこへも力を貸《か》す』と」

兼続がそう言うと、秀吉が深くうなずいた。

「うむうむ。謙信《けんしん》公の教えは素晴《すば》らしいのう。さすがは我《わ》が殿《との》、信長《のぶなが》様が怖《おそ》れていた御方《おかた》じゃ。これからも天下のために、上杉《うえすぎ》の力をお貸《か》しくだされ」

四人は二刻《ふたとき》もの時間、話し合った。

その間、兼続《かねつぐ》は秀吉《ひでよし》と三成《みつなり》をくまなく観察した。

(人なつっこい雰囲気《ふんいき》にだまされそうになるが、秀吉は非常に頭の切れる男だ)

(三成は秀吉の思うところを察し、期待以上の働きをしてみせているのだな)

三成のほうも兼続に対し、似《に》たような気持ちを抱《いだ》いたらしく、落水城《おちりみずじょう》をあとにする前にこう言ってきた。

「お互《たが》い、〝これは〟と思う主君に仕《つか》えることができて幸せですね。我《われ》らは影《かげ》のようなもの。光があってこそ役目を果たすことができる……」

三成は兼続に好感を持ったらしく、翌年《よくとし》の天正《てんしょう》十四年(一五八六年)五月、秀吉に招《まね》かれて初めて上洛《じょうらく》する景勝《かげかつ》と兼続の一行を、わざわざ金沢《かなざわ》まで出迎《でむか》えにやってきた。

金沢では秀吉の盟友《めいゆう》で、加賀《かが》を治める前田利家《まえだとしいえ》も丁重《ていちょう》にもてなしてくれた。

そうして六月に入ってから金沢を出発した一行は七日に京《きょう》に入り、そののち、大坂《おおさか》に向かった。

（これが大坂城《おおさかじょう》……。なんという大きさだろう）

できたばかりの巨大《きょだい》な城《しろ》に、兼続《かねつぐ》と景勝《かげかつ》は目をむいた。城の大きさはすなわち秀吉《ひでよし》の権勢《けんせい》を示《しめ》している。

そうして、六月十四日。

大坂城で秀吉に謁見《えっけん》した景勝は約束通り、白銀五百枚《まい》、越後上布《えちごじょうふ》三百反《たん》、馬五十頭を献上《けんじょう》し、臣下《しんか》の礼《れい》を取ってみせたのだった。

❖秀吉《ひでよし》が見込《みこ》んだ男

秀吉は兼続《かねつぐ》のことをかなり気に入っていたようで、朝廷《ちょうてい》に働きかけて官位《かんい》をつけてもらったり、「豊臣姓《とよとみせい》」を与《あた》えたり、上杉《うえすぎ》を出て自身のもとへ仕官《しかん》するようスカウトしたりしています。

ある日、秀吉が家臣《かしん》たちとの会話の中で、「天下の仕置《しお》きを任《まか》せてみたいと思う者」として「直江《なおえ》兼続」の名を挙《あ》げました。

兼続は陪臣《ばいしん》――秀吉から見て、家臣の景勝《かげかつ》の家臣でしたので、皆《みな》は驚《おどろ》きました。

秀吉は信長《のぶなが》に仕《つか》える下の身分から大出世を果たした身。なので、有能《ゆうのう》な兼続に早くから注目していたのでしょう。ですが、仕官を勧《すす》めたのは、「兼続を引《ひ》き抜《ぬ》くことで上杉《うえすぎ》家の弱体化を図った」という説も。

こういったことから、兼続は天下人も惚《ほ》れ込《こ》むほどの有能な人物として、後世まで語《かた》り継《つ》がれているのですね。

四　長谷堂城《はせどうじょう》の戦い

――慶長《けいちょう》五年（一六〇〇年）――

その後も秀吉《ひでよし》の勢《いきお》いはとどまることを知らず、「小田原攻《おだわらぜ》め」（天正《てんしょう》十八年／一五九〇年）にて北条《ほうじょう》氏を滅《ほろ》ぼし、天下統一《とういつ》を成したのち、朝鮮《ちょうせん》にも出兵。

「小田原攻め」や「文禄《ぶんろく》の役《えき》」では上杉《うえすぎ》も参陣《さんじん》し、景勝《かげかつ》とともに兼続《かねつぐ》も戦った。

そうして、景勝と兼続は秀吉の信頼《しんらい》に応《こた》え続けたのだが――。

慶長《けいちょう》三年（一五九八年）、一月十日。

年が明けて間もなく、秀吉から大命が下った。

「会津転封《あいづてんぽう》」である。

会津には蒲生氏郷《がもううじさと》が入っていたのだが、三年前に氏郷が急死したため、嫡男《ちゃくなん》の秀行《ひでゆき》に代替《だいが》わりしていた。が、大国を治めるには十六歳《さい》の秀行は若《わか》すぎた。

そこで、秀吉が考えたのが、信頼《しんらい》する上杉景勝の転封であった。

奥州《おうしゅう》の伊達政宗《だてまさむね》、関東の徳川家康《とくがわいえやす》を牽制《けんせい》するため、その間にある会津の地に入り、にらみを利《き》かせてほしいというのだ。

「生まれ育った越後《えちご》を離《はな》れるのは忍《しの》びないが……やむを得まい」

景勝《かげかつ》は承知したが、父祖《ふそ》の地を離れることに対し、家中の者たちがすぐに納得《なっとく》できるはずがない。

そこで、秀吉《ひでよし》は景勝を補佐《ほさ》するよう、三成《みつなり》を派遣《はけん》。

兼続《かねつぐ》と三成は協力しあい、大きな混乱《こんらん》もなく三月には会津《あいづ》への移封《いほう》を完了した。

「越後を離れるのはつらいものがありましたが、三成殿《どの》のお手並《てな》みを間近で見る機会に恵《めぐ》まれたのは幸いでした」

「こちらこそ。兼続殿の手腕《しゅわん》、お見事でございました」

二か月という短期間ではあったが、この間、兼続と三成は何度も行動をともにし、互《たが》いの仕事ぶりを目にし、より信頼《しんらい》を深めたのである。

「これからも天下泰平《たいへい》のため、秀吉様のために互いに力を尽《つ》くしましょうぞ」

しかし、この年の夏――。

早くも暗雲が日本を覆《おお》うことになる。

八月十八日、秀吉《ひでよし》が死去したのである。


秀吉が亡《な》くなったとき、五大老《ごたいろう》の中でそばにいなかったのは景勝《かげかつ》だけだった。新しい領地《りょうち》に移《うつ》ったばかりで、すぐに動ける状態《じょうたい》ではなかったのである。十月に入ってからやっと伏見《ふしみ》に入った景勝は家康《いえやす》らとともに、さまざまな政務《せいむ》にあたり……翌年《よくとし》の夏にようやく会津《あいづ》に戻《もど》った。が、やっと領国経営《けいえい》に腰《こし》を据《す》えることができると思った矢先——年が明けて、慶長《けいちょう》五年（一六〇〇年）の正月、家康から驚《おどろ》く内容の書状《しょじょう》が届《とど》いた。

「上杉《うえすぎ》に謀叛《むほん》の疑《うたが》いあり。釈明《しゃくめい》のためすぐにも大坂《おおさか》に来られたし」

その根拠《こんきょ》は、会津に移《うつ》った景勝に替《か》わって越後《えちご》に入った堀秀治《ほりひではる》からの訴《うった》えにあった。会津に移る際《さい》、その年の半分の年貢《ねんぐ》を上杉が徴収《ちょうしゅう》してから行ったため、領国経営がうまくいかないことを恨《うら》んだ秀治が会津での上杉の動向を調べ上げ、

「上杉《うえすぎ》は道を整備し、川に橋を架《か》け、武器《ぶき》を集めている。これは謀叛《むほん》の兆《きざ》しではないか」

と、家康《いえやす》の重臣《じゅうしん》・榊原康政《さかきばらやすまさ》に報告《ほうこく》したのである。

康政はすぐに家康に伝え、これを聞いた家康は、京《きょう》の僧《そう》で歌人として兼続《かねつぐ》とも親交のある西笑承兌《さいしょうしょうたい》に弾劾状《だんがいじょう》をしたためさせ、上杉へと送ったのだ。

「年貢《ねんぐ》の件《けん》は、我《われ》らが会津《あいづ》に入った際《さい》、蒲生《がもう》家も同じように半年分徴収《ちょうしゅう》して出て行ったことに倣《なら》ったまで」

「新しい領国《りょうごく》で道を整えたり、川に橋を架けることのなにがおかしいのだ?」

「これは明らかに言いがかりですぞ!」

「家康は秀吉《ひでよし》様の後を継《つ》いだ秀頼《ひでより》様がまだ幼《おさな》いことをいいことに、思うように政《まつりごと》を操《あやつ》ろうとしているのだ!」

「加賀《かが》の前田利長殿《まえだとしながどの》も謀叛の疑《うたが》いをかけられ、母を人質《ひとじち》として江戸《えど》に差し出したというではないか」

「前田利家殿が亡《な》くなってから、家康は好き放題やっている。天下を狙《ねら》っているのは、家康《いえやす》のほうであろう！」

多くの家臣《かしん》たちが憤《いきどお》ったように、景勝《かげかつ》も兼続《かねつぐ》も家康に屈《くっ》する気はなかった。

家康は前田利長《まえだとしなが》を屈服《くっぷく》させただけでなく、兼続の友人である石田三成《いしだみつなり》を失権《しっけん》させた。

この動きは明らかに天下を狙《ねら》っているものである。

「では、わたしが返書をしたためましょう。この書状《しょじょう》は家康に頼《たの》まれた西笑承兌殿《さいしょうしょうたいどの》が書いたもの。返事はあくまでも西笑承兌殿宛《あ》てということで」

「うむ、頼むぞ、兼続」

景勝の了承《りょうしょう》を得た兼続は、さっそく筆を取り、返事を書き送った。

全文十六カ条《じょう》。

これがのちの世に有名な「直江状《なおえじょう》」である（ここには簡単《かんたん》に要約しておく）。

「京《きょう》と会津《あいづ》は遠く離《はな》れておりますゆえ、さまざまな噂《うわさ》が流れているとのこと。家康殿が疑《うたが》いをもたれるのは仕方ないかもしれませんが、いちいち真に受けないでいただきたい」

「我《わ》が上杉《うえすぎ》は国替《くにが》えをしたばかり。昨年九月に景勝《かげかつ》様が伏見《ふしみ》から戻《もど》ったばかりでまたすぐに戻《もど》ってこいとは……。これでいつ新しい領地《りょうち》での政務《せいむ》を行えというのでしょうか。また当地は雪国ゆえ、十月から三月は動けませぬ」

「亡《な》き秀吉《ひでよし》様より『上杉《うえすぎ》は義《ぎ》に厚い家柄《いえがら》』と言われておりました。今でもそれは変わっていません。ところが上方《かみがた》ではなにかと態度《たいど》や解釈《かいしゃく》が変わっているご様子。景勝《かげかつ》様はそのように頻繁《ひんぱん》に気持ちを変えたりいたしません」

「国内の交通路を整備することは、当主として当然の役割《やくわり》です。また、我《われ》らは田舎《いなか》ゆえ武器《ぶき》を集めるのは、上方の武将《ぶしょう》が茶道具をそろえることと大差ないと思いますが」

「幼《おさな》い秀頼《ひでより》様に刃を向け、天下を手に入れたとしても、そのようなことをすれば我が上杉家は歴史に悪人として名を残すことになります。それは義を重んずる我が上杉家には大変な恥《はじ》となり、実に不名誉《ふめいよ》なこと。そのような愚《おろ》かな行為《こうい》に景勝様は及《およ》んだりいたしませぬ」

個人的な手紙を装《よそお》い、家康《いえやす》を痛烈《つうれつ》に批判《ひはん》した内容は、当然、家康の怒《いか》りを買った。

「このような無礼な手紙は今まで見たことがない！」

しかし、これは家康《いえやす》にとって、まさに好機到来《こうきとうらい》であった。

上杉《うえすぎ》を討《う》つ、大義名分《たいぎめいぶん》ができたのである。


その年の五月。家康は各地の大名《だいみょう》に「上杉討伐《とうばつ》」の命令を出し、六月に大坂《おおさか》を発《た》って会津《あいづ》に向かった。

（前田《まえだ》に続き、上杉も屈《くっ》させれば徳川《とくがわ》の威光《いこう》を天下に知らしめることができる）

家康には、もうひとつ思惑《おもわく》があった。

それは、石田三成《いしだみつなり》の挙兵《きょへい》を誘《さそ》うというものである。

家康が東北に向かえば、その留守《るす》を狙《ねら》って三成が上方《かみがた》で挙兵するだろう。そうすれば、会津攻《ぜ》めは奥州《おうしゅう》の伊達政宗《だてまさむね》と最上義光《もがみよしあき》に任《まか》せて自身は西へ取って返し、豊臣《とよとみ》側についた大名たちとの決戦に持《も》ち込《こ》むことができる。

そうして、家康《いえやす》の思惑《おもわく》通り、七月に入ってから三成《みつなり》が動いた。

七月二十四日、下野国《しもつけのくに》小山《おやま》でこの報《しら》せを受けた家康は、ただちに会津《あいづ》への進軍を中止し、西へ向かうことにした。


一方、会津では——。

「景勝《かげかつ》様、家康を叩《たた》くなら今です！」

兼続《かねつぐ》がそう進言していた。

いくら家康が大軍といえど、敵《てき》に後ろを見せた軍に勝機は少ない。

じつは兼続は、白河《しらかわ》の南——革籠原《かわごはら》というところに家康を誘《さそ》い込《こ》み、三方から襲撃《しゅうげき》をかけるという秘策《ひさく》を練《ね》っていた。いかに大軍といえど、山間《やまあい》の狭《せま》い地に追い込めば勝てると踏《ふ》んだのだ。

家康が西に向かった今、この秘策は幻《まぼろし》と化したが、それ以上の機会が転がり込んできたのだ。これを見逃《みのが》す手はない。

が、景勝は首を縦《たて》に振《ふ》らなかった。

「我《わ》が上杉《うえすぎ》家は義《ぎ》を重んじる家柄《いえがら》。敵《てき》の弱みに乗ずるは家風に反する」

景勝兼続主従《かげかつかねつぐしゅじゅう》の間で、初めて意見が分かれた瞬間《しゅんかん》であった。

兼続はハッと我《われ》に返った。

「義《ぎ》に反することを言いました……すみませぬ」

「いや、おまえもまだ若《わか》いということだな、兼続。逃《に》げる敵《てき》を追いたくなる気持ちはわかる。だが、その間、会津《あいづ》はどうなる？　家康《いえやす》を追えば伊達《だて》や最上《もがみ》に付《つ》け入《い》る隙《すき》を与《あた》えることになるぞ」

景勝の言う通りである。

そうして、伊達や最上といくつかの攻防《こうぼう》を経《へ》たあと、景勝は最上攻《ぜ》めを決意した。

じつは上杉《うえすぎ》の所領《しょりょう》は、会津・米沢《よねざわ》・庄内《しょうない》を合わせて百二十万石《ごく》なのだが、このうちの庄内は、最上領が間にあるため、飛び地なのである。それゆえ、庄内と地続きにしたいという思いもあった。領地と領地の間に敵の土地が横たわっているのは不気味でならないからだ。

「兼続、行ってくれるか」

「もちろんです」

こうして、兼続《かねつぐ》は九月十三日に自身の居城《きょじょう》である米沢城《よねざわじょう》から、二万の軍勢《ぐんぜい》を率《ひき》いて出陣《しゅつじん》した。

そうして、最上勢《もがみぜい》の畑谷城《はたやじょう》を一日で落とすと、その勢《いきお》いのまま、九月十五日、長谷《はせ》堂城《どうじょう》に迫《せま》ったのである。

しかし、この長谷堂城攻《ぜ》めは思わぬ苦戦を強《し》いられた。

山城《やまじろ》であるこの城は麓《ふもと》に流れる川が天然の堀《ほり》の役目をし、城自体にも何重もの帯曲《おびくる》輪《わ》や腰曲輪《こしくるわ》がめぐらされており、守るに堅《かた》く攻めるに難《かた》い城だったのだ。

城に立てこもるのは、最上義光《もがみよしあき》の重臣《じゅうしん》・志村光安《しむらあきやす》率いる一千の兵である。

「周りの稲《いね》をすべて刈《か》り取《と》れ。そうすれば、敵《てき》は討《う》って出てくるだろう」

敵が出てきたら、逃《に》げるふりをして自陣《じじん》に誘《さそ》いこみ、討ち取るのだ。

が、この作戦はうまくいかなかった。

こちらの策《さく》を読まれ、逆《ぎゃく》に敗走《はいそう》を余儀《よぎ》なくされたり、土地のことを知《し》り尽《つ》くした敵《てき》の奇襲《きしゅう》に追い立てられるなど、敵に翻弄《ほんろう》されるかたちとなったのである。

（長谷堂城《はせどうじょう》を落とさねば、最上《もがみ》の本拠《ほんきょ》・山形城《やまがたじょう》に迫《せま》ることはできぬ……。なにか良い策はないか）

戦いが長引けば、それだけ自軍の兵も疲弊《ひへい》する。

（三成殿《みつなりどの》が家康《いえやす》に勝てば、最上は降伏《こうふく》してくるだろうが……）

家康率《ひき》いる東軍と三成率いる西軍は、どちらも大軍。そう簡単《かんたん》に勝敗が決まるとは思えない。

そうして、九月三十日——。

一気に決着をつける策はないかと兼続《かねつぐ》が考えていたとき、予期せぬ知らせが景勝《かげかつ》から届《とど》いた。

「関《せき》ヶ原《がはら》での戦いが、たった一日で終わった——と⁉」

「関ヶ原の戦い」は九月十五日の未明に始まり、午後には勝敗がついていた。

（長谷堂城攻《はせどうじょうぜ》めを開始した日に、三成殿《みつなりどの》と家康《いえやす》の戦《いくさ》が終わっていたとは……）

家康が大勝し、三成は敗走。

それを受けて景勝《かげかつ》が兼続《かねつぐ》に下したのは、「撤退命令《てったいめいれい》」であった。

が、敵地《てきち》に奥深《おくふか》く食《く》い込《こ》んだ軍を撤退させるのは、至難《しなん》の業《わざ》。

最上《もがみ》側に関《せき》ヶ原《がはら》の勝敗の報《ほう》が届《とど》く前に、兵を退《ひ》かねばならない。

先ほどまで攻撃《こうげき》方法を考えていた兼続は、今度は撤退方法を考えなければならなくなった。あまり時間の余裕《よゆう》はない。

「懸《かか》り引《び》きでいく！　全軍、敵に悟《さと》られぬよう、準備せよ！」

そして、翌日《よくじつ》の十月一日。

兼続は長谷堂城の囲みを解《と》き、撤退を開始。

懸り引きとは、殿軍《しんがり》を二つに分け、攻守《こうしゅ》を入《い》れ替《か》えながら撤退していくという戦法である。

兼続はさらに水原親憲《すいばらちかのり》の鉄砲隊《てっぽうたい》を山に潜《ひそ》ませ、追ってくる敵を狙《ねら》い撃《う》たせた。

鉄砲に怯《ひる》んだ敵を攻めの殿軍が押《お》し、敵が後退する間に素早《すばや》く撤退する。

が、これは非常に苦しい戦いであった。

「もし、敵《てき》に討《う》ち取《と》られるような事態《じたい》になれば、わたしは切腹《せっぷく》する。敵の手にかかっては、恩義《おんぎ》ある上杉《うえすぎ》家に申《もう》し訳《わけ》が立たぬ」

もし、敵に討たれて首を持ち去られたら、また討たれずとも生け捕《いど》られたら……景《かげ》勝《かつ》にどのような迷惑《めいわく》がかかるか。それを考えると死を選ぶしかないと、兼続《かねつぐ》はそう思ったのだ。

しかし、「馬鹿《ばか》なことを！」と兼続を叱《しか》る者がいた。

秀吉《ひでよし》に「天下御免《ごめん》の傾奇者《かぶきもの》」と認《みと》められた豪傑《ごうけつ》・前田慶次《まえだけいじ》である。

「大将《たいしょう》が弱気になってどうする！　大将は大きなことを考え、小さなことに屈《くっ》しないことを第一にすべきぞ。兼続殿《どの》が成すことは、景勝様より預かったこの軍を米沢《よねざわ》まで無事に帰すことだ。ここは俺《おれ》に任《まか》せておけ！」

そう叫《さけ》ぶと慶次は自慢《じまん》の朱槍《しゅやり》を手に、敵中に躍《おど》り込《こ》んだ。

これに怯《ひる》んだ最上《もがみ》兵はまたたく間に散っていく。

「慶次殿、感謝《かんしゃ》する！　今のうちに退《ひ》くぞ！」

こうして気持ちを立て直した兼続《かねつぐ》の指揮《しき》のもと、上杉《うえすぎ》軍は被害《ひがい》を最小限《さいしょうげん》にとどめ、数日後に米沢《よねざわ》に戻《もど》ることができた。その中には慶次《けいじ》の無事な姿《すがた》もあった。

「兼続殿《どの》、お見事であったぞ」

「慶次殿……あなたのおかげです。わたしの命は、この先の上杉《うえすぎ》のために使わねばならぬ」

敗者となった上杉家には、この先、幾多《いくた》の困《こん》難《なん》が待ち受けているだろう。

（わたしは上杉家を守ってみせる）

兼続は固く決意し、「愛」の前立ての兜《かぶと》を脱《ぬ》いだ。

その後の直江兼続《なおえかねつぐ》

「関ヶ原《せきがはら》の戦い」は周知のとおり、家康《いえやす》の勝利に終わりました。景勝《かげかつ》は家康に降伏《こうふく》。翌年《よくとし》の慶長《けいちょう》六年（一六〇一年）八月、「上杉《うえすぎ》景勝は会津《あいづ》百二十万石《ごく》を取り上げ、出羽米沢《でわよねざわ》三十万石に減封《げんぽう》する」という沙汰《さた》が出ました。米沢は兼続の領地《りょうち》です。景勝は家臣《かしん》の領地に移《うつ》るかたちになりました。

西軍の実質上《じっしつじょう》のリーダーであった石田三成《いしだみつなり》、小西行長《こにしゆきなが》、安国寺恵瓊《あんこくじえけい》は斬首《ざんしゅ》、五大老《ごたいろう》のひとり、宇喜多秀家《うきたひでいえ》は八丈島《はちじょうじま》に配流《はいる》。西軍の総大将《そうだいしょう》であった毛利輝元《もうりてるもと》は大坂城《おおさかじょう》から動かなかったことを考慮《こうりょ》され、百二十万五千石から三十六万石へ減封。

そういった厳《きび》しい処断《しょだん》が吹《ふ》き荒《あ》れる中で、景勝の命をつないだばかりか、遠流にもしなかったのは、「憎《にく》き三成を討《う》つ機会を作ったのは上杉」という気持ちが家康にあったからかもしれません。

しかし、減封はそのまま財政難《ざいせいなん》に直結します。この場合、家臣《かしん》たちをリストラするのが普《ふ》通《つう》ですが、兼続《かねつぐ》は「人こそ財産《ざいさん》」と考え、知行《ちぎょう》を三分の一に減《へ》らすことで対応。ほとんどの家臣《かしん》が上杉《うえすぎ》家を離《はな》れずについてきました。

兼続《かねつぐ》は治水工事に力を入れ（今も「直江石堤《なおえせきてい》」が一部残っています）、新田開発をし、青苧《あおそ》の生産を奨励《しょうれい》。人々の暮らしを少しでも良くしようと力を尽《つ》くしました。

また、兼続は家康《いえやす》の重臣《じゅうしん》・本多正信《ほんだまさのぶ》の次男・政重《まさしげ》を長女の婿養子《むこようし》にもらい、徳川《とくがわ》との関係も深めました（政重は妻《つま》の死後、上杉を離れ、加賀《かが》の前田《まえだ》家に移《うつ》りました）。

上杉家の徳川への「義《ぎ》」を貫《つらぬ》く姿勢《しせい》は、「大坂冬の陣《おおさかふゆのじん》」によく表れています。かつての主君・豊臣秀頼《とよとみひでより》を攻《せ》めるこの戦いに、景勝《かげかつ》・兼続は徳川方として参陣。豊臣方の後藤又兵衛《ごとうまたべえ》らと激戦《げきせん》を繰《く》り広《ひろ》げ、見事に勝利。家康にその武功《ぶこう》を称《たた》えられました。

そうして、元和《げんな》五年（一六一九年）、江戸《えど》の鱗屋敷《うろこやしき》で兼続は死去。後を継《つ》ぐ者のいない直江《なおえ》家は御家断絶《おいえだんぜつ》となりました。

この御家断絶は兼続が自ら望んだと伝えられています。自身の禄《ろく》を返上することで、藩《はん》の財政《ざいせい》を助けたいという思いがあったのです。

最後まで、上杉景勝の影《かげ》であり続けた五十九年（享年《きょうねん》六十歳《さい》）の生涯《しょうがい》でした。

❖兜《かぶと》のデザインいろいろ

兼続《かねつぐ》といえば、「愛」の前立てのついた兜が有名ですが、当時、この前立てに工夫を凝《こ》らすことが流行し、武将《ぶしょう》たちはそれぞれ個性的《こせいてき》な兜をかぶっていました。

有名なものでは、「伊達政宗《だてまさむね》」の「黄金の三日月」、信長《のぶなが》の小姓《こしょう》「森蘭丸《もりらんまる》」の「南無阿弥陀《なむあみだ》仏《ぶつ》」の文字を縦《たて》に配置したものなどがあります。

兜の形自体もサザエ、伊勢《いせ》エビ、お椀《わん》、断崖絶壁《だんがいぜっぺき》など、なんとなく笑っちゃうようなデザインのものも多いですが、それぞれ戦勝祈願《せんしょうきがん》の意味を込《こ》めたり、縁起《えんぎ》を担《かつ》いでいたりしていて、なかなか奥《おく》が深いです。

ちなみに、兼続が尊敬《そんけい》していた謙信《けんしん》の兜はいくつもありますが、瑞雲《ずいうん》に乗り、狐《きつね》を従《したが》えた烏天狗《からすてんぐ》の姿《すがた》をした「飯綱権現《いづなごんげん》」の前立てのものが有名です。

武将《ぶしょう》ファイル

直江兼続編《なおえかねつぐへん》

上杉景勝《うえすぎかげかつ》(1555-1623)

上杉謙信《けんしん》の姉・綾姫《あやひめ》(仙洞院《せんとういん》)と長尾政景《ながおまさかげ》の嫡男《ちゃくなん》。政景の死後、謙信の養子となり、春日山城《かすがやまじょう》へ移《うつ》る。謙信没後《ぼつご》の家督《かとく》争い「御館《おたて》の乱《らん》」に勝利し、上杉家を継《つ》ぐ。秀吉《ひでよし》の軍門に下り、小早川隆景《こばやかわたかかげ》の死後、五大老《ごたいろう》となるが、秀吉没後に徳川家康《とくがわいえやす》と対立。「関ヶ原《せきがはら》の戦い」以後は徳川につき、「大坂《おおさか》の陣《じん》」では豊臣《とよとみ》を攻《せ》める。生涯《しょうがい》にわたり、兼続《かねつぐ》を信頼《しんらい》し、重用《ちょうよう》した。

上杉景虎《うえすぎかげとら》(1552?54?-1579)

北条氏康《ほうじょううじやす》の七男で、「越相同盟《えつそうどうめい》」の証に人質《ひとじち》として越後《えちご》に来るが、謙信《けんしん》に気に入られ、養子となり、謙信の初名《しょめい》「景虎《かげとら》」を譲《ゆず》られる。正室《せいしつ》は謙信の姉・綾姫《あやひめ》(仙洞院《せんとういん》)の長女・華姫《はなひめ》。「御館《おたて》の乱《らん》」に敗《やぶ》れ、自害《じがい》した。

宇佐美定満《うさみさだみつ》(1489-1564)

謙信《けんしん》の重臣《じゅうしん》。長尾政景《ながおまさかげ》と舟《ふな》遊びの最中、野尻池《のじりいけ》に落ちて溺死《できし》。実は政景を疎《うと》んじていた謙信のために、政景の暗殺を企《くわだ》て、自身も命を落としたのでは……という説もある。

直江信綱《なおえのぶつな》(?-1581)

謙信《けんしん》の重臣《じゅうしん》・直江景綱《かげつな》には男子がなく、娘《むすめ》のお船《せん》の方《かた》と結婚《けっこん》し、婿養子《むこようし》となる。「御館《おたて》の乱《らん》」の論功行賞《ろんこうこうしょう》のトラブルに巻《ま》き込《こ》まれ、死亡《しぼう》。彼《かれ》が亡《な》くなったため、兼続《かねつぐ》はお船と結婚し、直江家に婿養子に入り、家督《かとく》を継《つ》ぐことになった。

新発田重家《しばたしげいえ》(1547?-1587)

「御館《おたて》の乱《らん》」で景勝《かげかつ》側につくも、のちに謀叛《むほん》を起こす。この謀叛は7年の長きにわたり、景勝を苦しめた。

石田三成《いしだみつなり》（1560-1600）

秀吉《ひでよし》の重臣《じゅうしん》。兼続《かねつぐ》とは同い年で、かなり気が合ったらしい。秀吉没後《ひでよしぼつご》、家康《いえやす》と対立。「関ヶ原《せきがはら》の戦い」を引き起こすが、大敗を喫《きっ》し、斬首《ざんしゅ》となった。

豊臣秀吉《とよとみひでよし》（1537-1598）

足軽《あしがる》から関白《かんぱく》へ昇《のぼ》りつめ、天下人となった。豊臣姓《せい》を与《あた》えるほど兼続《かねつぐ》を気に入っていたようで、「天下の仕置《しお》きを任《まか》せてみたい」と評《ひょう》したという。

最上義光《もがみよしあき》（1546-1614）

出羽《でわ》の武将《ぶしょう》。秀吉《ひでよし》に仕《つか》えていたが、次第に家康《いえやす》に傾《かたむ》いた。「長谷堂城《はせどうじょう》の戦い」の際《さい》、撤退《てったい》する兼続《かねつぐ》の軍を追い、鉄砲《てっぽう》で撃《う》たれるが、信長《のぶなが》から拝領《はいりょう》したという兜《かぶと》に被弾《ひだん》し、助かった。敵将《てきしょう》ながらも命がけで撤退した兼続をのちに絶賛《ぜっさん》した。

伊達政宗《だてまさむね》（1567-1636）

母の義姫《よしひめ》は最上義光《もがみよしあき》の妹にあたる。幼《おさな》い頃《ころ》、右目を疱瘡《ほうそう》で失った。「独眼竜《どくがんりゅう》」というあだ名で知られる武将《ぶしょう》。「小田原攻《おだわらぜ》め」ののち、秀吉《ひでよし》の「奥州仕置《おうしゅうしお》き」で秀吉《ひでよし》の家臣《かしん》となる。秀吉没後《ぼつご》は家康《いえやす》につき、「長谷堂城《はせどうじょう》の戦い」では叔父《おじ》の留守政景《るすまさかげ》の軍を差し向けた。家康の世になったあと、江戸城《えどじょう》ですれ違《ちが》った兼続《かねつぐ》があいさつしなかったことに政宗が怒《おこ》ると、兼続は「ああ、政宗公でしたか。戦場ではよくお見かけしておりましたが、いつも負けて逃《に》げる後《うし》ろ姿《すがた》しか見ていなかったもので顔がよくわかっていませんでした」と涼《すず》しい顔で言ってのけたというエピソードがある。

姫《ひめ》ファイル

直江兼続《なおえかねつぐ》編

華姫《はなひめ》（1556？-1579）

景虎《かげとら》の正室《せいしつ》となった景勝《かげかつ》の姉（本当の名前は伝わっておらず、この本では彼女《かのじょ》の法名「華渓院《かけいいん》」から一字取り、華姫とした）。「御館《おたて》の乱《らん》」で自害《じがい》した。

お船《せん》の方《かた》（1557-1637）

兼続《かねつぐ》より3歳《さい》上の姉《あね》さん女房《にょうぼう》。兼続は生涯《しょうがい》、側室《そくしつ》を持たなかったため、仲睦《むつ》まじい夫婦《ふうふ》だったと言われている。上杉景勝《うえすぎかげかつ》の嫡男《ちゃくなん》・定勝《さだかつ》（側室が産んだ子）の養育係を務め、兼続亡《な》きあと定勝から化粧料《けわいりょう》三千石《ごく》を与《あた》えられる。家臣《かしん》の妻《つま》がこれだけの石高を与えられるのは異例《いれい》なことだった。兼続亡《な》きあとも上杉家に頼《たよ》りにされ、鎌倉幕府《かまくらばくふ》初代将軍《しょうぐん》・源 頼朝《みなもとのよりとも》の妻で尼《あま》将軍と呼《よ》ばれた北条政子《ほうじょうまさこ》にたとえられた。

菊姫《きくひめ》（1563？-1604）

景勝《かげかつ》の正室《せいしつ》。武田勝頼《たけだかつより》の妹。「御館《おたて》の乱《らん》」の際《さい》、景勝が武田に同盟《どうめい》を持《も》ち掛《か》け、その証《あかし》として越後《えちご》に嫁《とつ》いできた。お船《せん》の方《かた》と仲が良かったという。倹約《けんやく》に努めた賢夫人《けんぶじん》として家中の者たちから慕《した》われたらしい。景勝との間に子はなかったが、彼女《かのじょ》が亡《な》くなったとき、景勝は「悲嘆《ひたん》限《かぎ》りなし」と伝わるほど、悲しんだという。

前田慶次(まえだけいじ)

―― 天下御免(てんかごめん)の傾奇者(かぶきもの)と呼(よ)ばれた豪傑(ごうけつ)――

前田慶次《まえだけいじ》 年表（生没年不詳《せいぼつねんふしょう》）

1569年（永禄《えいろく》12年）	信長《のぶなが》が前田《まえだ》家の家督《かとく》を利家《としいえ》に譲《ゆず》るよう指示し、荒子城《あらこじょう》を退去《たいきょ》
1585年（天正《てんしょう》13年）	能登国《のとのくに》阿尾城主《あおじょうしゅ》となる
1590年（天正18年）	前田家を出奔《しゅっぽん》
1598年（慶長《けいちょう》3年）	会津《あいづ》の上杉景勝《うえすぎかげかつ》に仕官《しかん》
1600年（慶長5年）	長谷堂城《はせどうじょう》の戦いに参戦

前田慶次《まえだけいじ》 関係図《かんけいず》

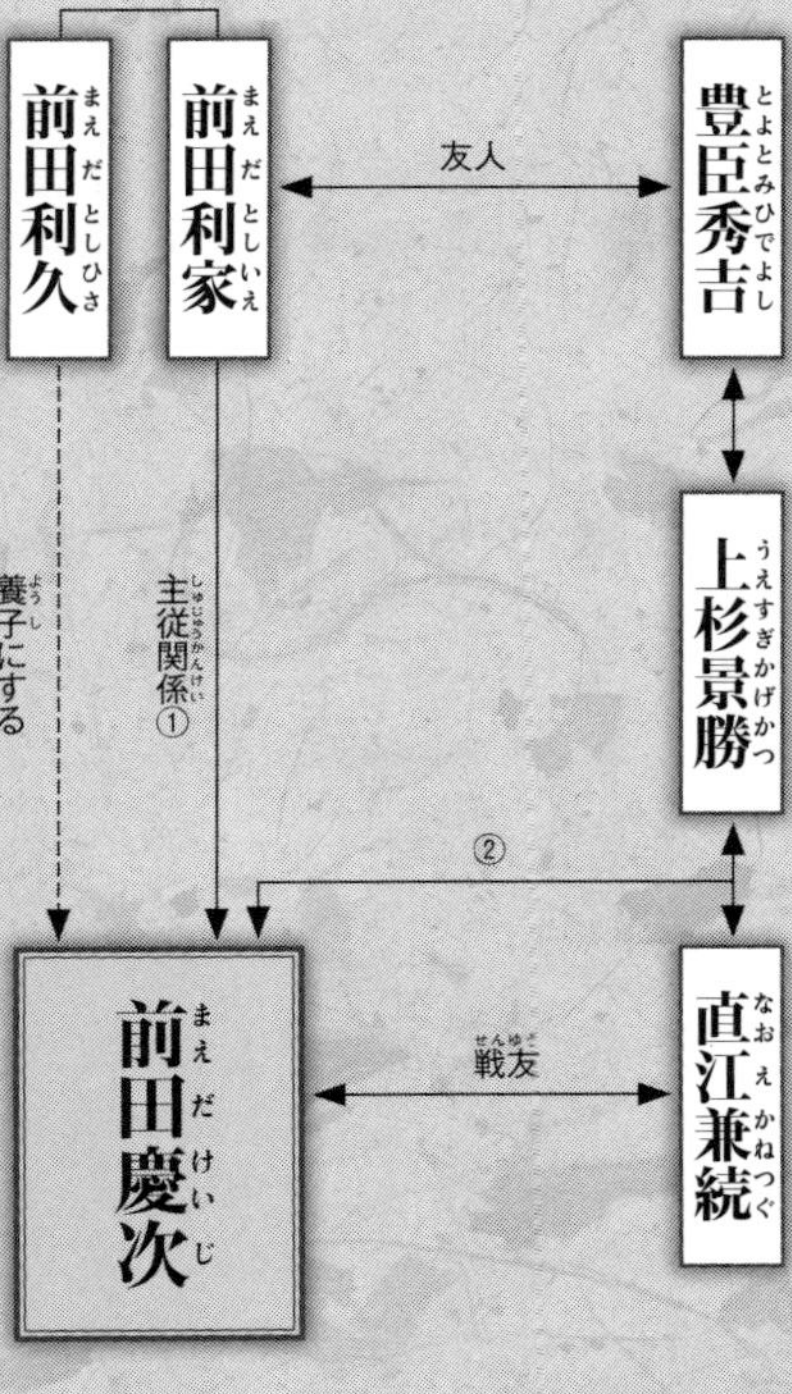

※数字は慶次《けいじ》が仕《つか》えた順

一　前田家《まえだ》を出奔《しゅっぽん》する

――天正《てんしょう》十八年（一五九〇年）――


天正十八年（一五九〇年）、夏。

豊臣秀吉《とよとみひでよし》の天下統一《とういつ》の総仕上げといえる「小田原攻め《おだわらぜ》」が終わり、戦国大名《せんごくだいみょう》としての相模《さがみ》の北条《ほうじょう》氏は滅《ほろ》んだ。

その後、秀吉による「奥州仕置き《おうしゅうしおき》」が行われ、これには足軽《あしがる》時代からの盟友《めいゆう》・前田利家《としいえ》も参加。その一行の中に常識外《じょうしきはず》れの派手《はで》な格好《かっこう》をした武将《ぶしょう》がいた。

利家の甥《おい》・前田慶次《けいじ》である。

（小田原攻めのあとでの奥州めぐりか）

戦《いくさ》のない世の中になったのは、少しつまらない気もしたが、おかげでさっそくおもしろいことも経験《けいけん》した。

とある店で楊枝《ようじ》を束《たば》ねたような道具を見つけた慶次が、店の主人に「これはなんだ？」と訊《き》いたところ、「そっぺらです」と聞《き》き慣《な》れない言葉が返ってきた。

使い道を訊《き》くと、主人はおもむろに鼻をかみ、そっぺらで拭《ふ》いてみせた。

「ほう、おもしろいものだな」

さっそくいくつか買い求めた慶次《けいじ》は懐《ふところ》に入れて持ち歩いたのだが、ある日、茶会に呼《よ》ばれた際《さい》、そのそっぺらを使っていると、

「ははあ、慶次殿《どの》、だまされましたな。それは用を足したあとに尻《しり》を拭くものです」

と笑われた。慶次は内心ムッとしたが、

「では、鼻紙と同じもの。鼻紙のように使ってもおかしくはない」

と飄々《ひょうひょう》とした顔を言ってのけたのだ。

しかし、反対におもしろくないこともあった。

ある山に登った利家《としいえ》が眼下《がんか》に広がる土地を眺《なが》めながら石高《こくだか》を予想したのだが、実際《じっさい》に山を下りて検地《けんち》してみると、ほぼ予想と同じ結果となった。

利家は算術《さんじゅつ》に長《た》けている。この時代、算盤《そろばん》は大陸から渡《わた》ってきたばかりで扱《あつか》える者は珍《めずら》しい。利家に同行していた者たちは皆《みな》、「すごいですな」と感心したが、慶次はひとり、

（武士《ぶし》のくせに金勘定《かねかんじょう》ばかりしおって。おまえは商人か）

と思っていた。

その昔、急な出兵の際《さい》、利家《としいえ》が金がかかるからどうしようと思案していると、

「そんなにお金が好きなら、これに槍《やり》を持たせていきなさい！」

と妻《つま》のまつに金の詰《つ》まった袋《ふくろ》を投げつけられ、日頃《ひごろ》のケチケチぶりを皮肉られたという話があるほど、利家《としいえ》は算盤《そろばん》を弾《はじ》くのが大好きなのだ。

（やはり、利家とはそりが合わん）

利家と慶次《けいじ》は叔父《おじ》と甥《おい》の関係であるが、実は血のつながりはない。

慶次《けいじ》はもともと前田《まえだ》家の人間ではなく、今は亡《な》き信長《のぶなが》配下の滝川一益《たきがわかずます》の血縁の者で、後継《あとつ》ぎのいない利家の長兄《ちょうけい》・利久《としひさ》に望まれ、養子として前田家に入ったのだ。

また、利久は弟の安勝《やすかつ》の娘《むすめ》を養女にし、慶次と結婚《けっこん》させた。前田家の家督《かとく》を慶次に継がせるためである。

しかし、これを由《よし》としない者がいた。主君・織田《おだ》信長だ。

小姓《こしょう》あがりで様々な戦《いくさ》で武功《ぶこう》を立てた利家は、信長のお気に入りだったのである。

信長《のぶなが》の命令で、前田家《まえだけ》の家督《かとく》は慶次《けいじ》ではなく利家《としいえ》が継《つ》ぐことになった。

その後、信長が死んで秀吉《ひでよし》の世となり、加賀《かが》を治めることになった利家のもとに、慶次は養父の利久《としひさ》とともに家臣《かしん》として移《うつ》り住んだ。

利家のもとに来てから慶次は能登《のと》の阿尾《あお》城《じょう》を任《まか》されたり、今回のように小田原《おだわら》攻《ぜ》めに前田軍の一員として参戦したり、「奥州《おうしゅう》仕置《しお》き」にも同行したりと、それなりに働いてきたつもりなのだが、

ある日、利家から、

「いつまで傾《かぶ》くつもりだ？　世の中を甘《あま》く見ていると、そのうち痛《いた》い目《め》に遭《あ》うぞ」

と、にらみながら言われてしまった。

(おまえだって、若《わか》い頃《ころ》はさんざん傾《かぶ》いていたくせに)

慶次《けいじ》が心の中で思ったように、利家《としいえ》は若い頃「槍《やり》の又左《またざ》」という異名《いみょう》で知られ、奇《き》抜《ばつ》な格好《かっこう》をして長槍《ながやり》を担《かつ》いで、我《わ》が者顔《ものがお》で城下《じょうか》を闊歩《かっぽ》していたのだが……。

年をとって落ち着いてくると、「なんて馬鹿《ばか》をやっていたんだ自分は」と、急に己《おのれ》の過去が恥《は》ずかしく思えることがある。利家はきっとその馬鹿げた病《やまい》にかかったのだ。

(傾奇者《かぶきもの》は傾奇者。年なんか関係ない)

加賀《かが》に戻《もど》ってからもイライラしながら酒を飲み、慶次はひとりごちた。

「大国を治める主から多くの知行《ちぎょう》をもらっても、いやいや仕《つか》えるのはつまらないな。今いる場所を去るにしても留《とど》まるにしても、自分らしく楽しいと思える場所を見つけたいものだ」

そう思うと、心の底からむくむくとある願望が湧《わ》いてきた。

「よし、決めた！　俺《おれ》は前田《まえだ》家を出る！　三年前に親父《おやじ》様も亡《な》くなっているし、なんの遠慮《えんりょ》があるものか」

前田家出奔《まえだしゅっぽん》を決意した慶次《けいじ》は、「ただ出て行くだけではつまらぬ」と思い、利家《としいえ》を招《まね》いて茶をもてなすことにした。

そうとは知らぬ利家は、

「慶次が心を入れ替《いか》え、私《わたし》をもてなしてくれるのか」

と喜び、にこにこと慶次の屋敷《やしき》へとやってきた。

慶次はまず茶を立ててから、

「今日《きょう》はまことに冷えますな。風呂《ふろ》の用意をいたしましたので、よろしければぜひはいりください」

と利家に勧《すす》めた。

そして、自ら湯加減《ゆかげん》を確認《かくにん》して、

「ちょうどよい湯加減です。さ、どうぞ」

「そうか、そうか」

喜んだ利家は着物を脱《ぬ》いで、ざぶんと湯船に入ったのだが――。

「な、なんだこれは⁉　水風呂ではないか！　慶次はどこだ！　慶次を呼《よ》べ！　あのいたずら者を逃《に》がすな！」

寒さに震《ふる》えながら利家《としいえ》は叫《さけ》んだが、慶次《けいじ》はすでに裏門《うらもん》につないでおいた名馬・松風《まつかぜ》に乗り、屋敷《やしき》を離《はな》れたあとだった。

「ははは、いや、愉快《ゆかい》、愉快」

（義父上《ちちうえ》、利家に一泡吹《ひとあわふ》かせてやりましたぞ）

心の中で、今は亡《な》き養父・利久《としひさ》に笑いかける。

名馬・松風に乗って走る慶次の心は、実に爽快《そうかい》だった。

❖謎《なぞ》多き傾奇者《かぶきもの》・前田慶次《まえだけいじ》

異様《いよう》な風俗《ふうぞく》や行動を表す言葉「傾《かぶ》く」。若《わか》い頃《ころ》の信長《のぶなが》の「大うつけ」スタイルは、まさに「傾奇者」のそれですが、慶次《けいじ》は服装《ふくそう》だけでなく「そっぺら」や「水風呂《みずぶろ》を馳走《ちそう》して出奔《しゅっぽん》」などの話をはじめ、おもしろエピソードがたくさん残っています。キーワードをいくつか挙《あ》げておきますので、よかったら、ご自分で調べてみてください。

「虱《しらみ》の紋《もん》」「牛で馬揃《うまぞろ》えに参加」「高慢《こうまん》な坊主《ぼうず》にしっぺ」「香《こう》の物で熱さがやわらぐ？」「新築《しんちく》の家の柱に斧《おの》」「茶だけでもてなす」「仏《ほとけ》も呼《よ》び続《つづ》ければ迷惑《めいわく》がる」など……。

慶次は生没年《せいぼつねん》不詳《ふしょう》で生まれも死に場所も確《たし》かなことがわかっていませんが、滝川一益《たきがわかずます》の弟または甥《おい》であったといわれていますので、滝川一族の出身であったことは確かなようです。

物語で書いたように、叔父《おじ》の利家《としいえ》も若い頃は傾奇者で知られていました。同じ傾奇者なら気が合いそうなものですが、このふたりはそうではなかったようですね。

二 上杉《うえすぎ》家に仕官《しかん》する

――慶長《けいちょう》三年（一五九八年）――

ある年の夏のことである。

京《きょう》の河原《かわら》で、腰《こし》に烏帽子《えぼし》を下げた馬丁《ばてい》が夕刻《ゆうこく》になると毎日のように、馬の体を冷やしに来ていた。

それがあまりに立派《りっぱ》な馬なので、通りかかった人々が、

「これは誰《だれ》の馬なのか？」

と問うと、馬丁は烏帽子をかぶり、足踏《あしぶ》みをして調子を取りながら、幸若舞《こうわかまい》の節《ふし》に乗せて歌いはじめた。

此鹿毛《このかげ》と申《もうす》は
赤いちょっかい革袴《かわばかま》
茨《いばら》かくれ鉄甲《てつかぶと》

鶏《とり》のとっさか立烏帽子《たてえぼし》
前田慶次《まえだけいじ》が馬にて候《そうろう》

馬丁《ばてい》はその後も尋《たず》ねられる度《たび》に、歌い、舞《ま》い踊《おど》ったという。

また、こんな話もある。

呉服店《ごふくてん》の主人が店先で足を投げ出しながら、となりにいる男と雑談《ざつだん》していた。話に夢中な主人の足を、通りかかった奇妙《きみょう》な格好《かっこう》の男がむんずと押《お》さえつけ、

「この足はいくらだ？　ぜひ買いたい」

と言った。主人は、

「百貫《かん》ならば売りますよ」

と笑って足をひっこめようとしたが、男が膝《ひざ》の皿を押《お》さえつけているので、動けない。男は供《とも》の者たちに、

「この足、前田慶次が買った！　誰《だれ》か屋敷《やしき》に戻《もど》って金を取ってまいれ！」

と怒鳴《どな》った。

呉服店《ごふくてん》の主人は足を斬《き》られる恐怖《きょうふ》で真っ青になり、町中大騒《おおさわ》ぎになった。店の者や主人の家族が出てきて、皆《みな》で慶次《けいじ》に詫《わ》びたが、慶次は「この足は俺《おれ》のものだ」と言ってきかない。

結局、町奉行《まちぶぎょう》が出てきて、やっと慶次は引《ひ》っ込《こ》んだ。それからというもの、京《きょう》の町では道に足を投げ出すことは禁《きん》じられたという——。

このような話を聞きつけたのか、ある日、天下人・豊臣秀吉《とよとみひでよし》から慶次にお召《め》しがかかった。

「前田《まえだ》慶次殿《どの》は、ずいぶんとおもしろい男だと聞く。ここはひとつ、趣向《しゅこう》を凝《こ》らした格好《かっこう》で罷《まか》り出《で》るがよい。関白殿下《かんぱくでんか》が直々《じきじき》にお会い下さるとのことだ」

そうして慶次は指定された期日に、聚楽第《じゅらくてい》に向かった。

髷《まげ》を真横に結い、虎《とら》の皮の肩衣《かたぎぬ》に、派手《はで》な柄《がら》の袴《はかま》——という出で立ちである。

「前田慶次にございます。今は加賀《かが》を離《はな》れ、このように傾《かぶ》いております」

そう言って深々と頭を下げる慶次を見て、上座《かみざ》の秀吉《ひでよし》も、その場に居並《いなら》ぶ者たちも皆《みな》、目を丸くした。

畳《たたみ》にすりつけんばかりに頭を下げた慶次《けいじ》の顔は横を向いている。が、真横に結った髷《まげ》は秀吉《ひでよし》に正対していたのである。

そっぽを向いているようで礼を取っているという、人を食ったやり方に秀吉は大笑いした。

「本当に変わった男じゃ。褒美《ほうび》として馬を一頭与《あた》えよう」

「ははっ、ありがたきしあわせ」

と頭を下げげつつも、顔はまたそっぽを向いている。

存分《ぞんぶん》に楽しんだ秀吉は、

「それはもうよい。もっと変わった趣向《しゅこう》でわしを驚《おどろ》かしてみよ」

「それでは——」

慶次はいったん下がると、今度はきちんと髷を結い直し、落ち着いた色の衣服を着て身なりを整えてから、秀吉の前に現《あらわ》れ、見事な所作で馬の礼を述べた。

これを見て、秀吉はまた大いに喜んだ。

武士《ぶし》としての作法はしっかりと身につけている。慶次《けいじ》はその上で、

（ひねくれておるのじゃな）

というのが、わかったからだ。

（信長《のぶなが》様や利家《としいえ》の若《わか》い頃《ころ》を思い出すのう。信長様の鶴《つる》の一声《ひとこえ》さえなければ、こやつが前田《まえだ》家の家督《かとく》を継《つ》いでおったろうに）

秀吉《ひでよし》と利家はともに信長のもとで働き、足軽長屋《あしがるながや》でとなり同士だった縁で、今でも仲が良いのである。親友の利家ではなく前田家の家督を慶次が継いでいたら、世の中はもっと違《ちが》ったものになっていたかもしれない。

（そう思うと不思議じゃのう。これは天の定めかもしれぬな）

「今後はどこででも、心のままに傾《かぶ》いてよい。この秀吉が許《ゆる》す」

こうして、慶次は「天下御免《ごめん》の傾奇者《かぶきもの》」となったのだ。

それからまた、時は流れ——。

ところは変わって、陸奥国《むつのくに》・会津《あいづ》。

慶長《けいちょう》三年（一五九八年）の三月に越後《えちご》から会津に転封《てんぽう》となったばかりの上杉家《うえすぎ》に、ひとりの男が訪《たず》ねて来た。

「穀蔵院瓢戸斎《こくぞういんひょっとさい》と申す。上杉家に仕官《しかん》しに参った。お取り次ぎくだされ」

すると、城《しろ》から上杉家の執政《しっせい》・直江兼続《なおえかねつぐ》が出てきた。

「誰《だれ》かと思えば、前田慶次殿《まえだけいじどの》ではないか」

「これはこれは、兼続殿、久《ひさ》しぶりだな。みやげに大根《だいこん》を持ってきた」

笑いながら、慶次は土のついた大根を三本差し出した。

兼続は苦笑した。ふたりは旧知《きゅうち》の間柄《あいだがら》なのだ。

「相変わらずですね」

「俺はこの土がついた大根のようにむさ苦しいなりをしているが、嚙《か》めば嚙むほど味が出てくる男だ——と、そう景勝《かげかつ》様に伝えてくれ」

「はあ……けれどなぜ、我《わ》が上杉家に？」

「ああ、実は京《きょう》にいた頃《ころ》――」

そう言って、慶次《けいじ》が語ったのは、このような話であった。

ある宴席《えんせき》で興《きょう》に乗った慶次が舞《まい》を舞《ま》い、ふざけて諸大名《しょだいみょう》の膝《ひざ》に次々と腰掛《こしか》けて笑いを誘《さそ》った。が、上杉景勝《うえすぎかげかつ》だけは決して笑わず、威厳《いげん》を正して座《すわ》っており、悪ふざけができない雰囲気《ふんいき》だった――という。

「そのとき、思ったのだ。この日本で主として仕《つか》えたいと思うのは、ただひとり、上杉景勝公だとな」

兼続はさっそく景勝に取り次ぎ、慶次の仕官《しかん》が決まった。

慶次は組外衆《くみはずれしゅう》という、浪人《ろうにん》の寄《よ》せ集《あつ》め部隊の所属《しょぞく》となった。

知行《ちぎょう》は千石《ごく》。阿尾城主《あおじょうしゅ》であった頃《ころ》は六千石だったが、慶次に不満はなかった。前田《まえだ》家を出る前に思ったとおり、「自分らしく楽しいと思える場所を見つけた」と感じていたからだ。

慶次と対面した景勝は、

「みやげの大根《だいこん》は、噛《か》めば噛《か》むほど滋味《じみ》あふれるそうだな。ありがたくいただこう」

と厳《おごそ》かに礼を言った。

ほとんど無表情《むひょうじょう》であったが――

（噛《か》めば噛むほど味が出る大根《だいこん》のように、俺《おれ》の働きに期待するという意味だな。やはり、会津《あいづ》まで来てよかった）

人を食ったやり方にも動じない景勝《かげかつ》の度量の大きさを見て、慶次《けいじ》は感じ入った。

これこそが、慶次の求める主君だったのだ。

❖景勝《かげかつ》を笑わせたのは誰《だれ》？

天下御免《ごめん》の傾奇者《かぶきもの》・慶次《けいじ》でさえ笑わせることができなかった上杉《うえすぎ》景勝。景勝は感情《かんじょう》を表すことが少なく、家臣《かしん》たちから「敵《てき》より怖《こわ》いのは上様だ」と怖《おそ》れられていました。

あるとき、上杉軍が川を渡《わた》る際《さい》、兵たちがこぞって舟《ふね》に乗ったため、舟が危《あや》うく転覆《てんぷく》しかかりました。それを見た景勝が鞭《むち》を一振《ひとふ》りすると、兵たちは我先《われさき》にとこぞって川に飛《と》び込《こ》んだとか。また、上杉軍は咳払《せきばら》い一つすることなく、粛々《しゅくしゅく》と行軍することで有名でしたが、これも兵たちが景勝を恐《おそ》れていたためです。

そんな景勝を笑わせたのは、なんと飼《か》っていた猿《さる》。烏帽子《えぼし》を取ったり、景勝が采配《さいはい》を振るう真似《まね》をするのを見て、景勝は思わず笑みをこぼしたそう。これが生涯《しょうがい》ただ一度だけ家臣たちに見せた笑顔だったらしいですよ。

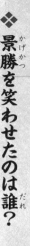

三 長谷堂城《はせどうじょう》の戦い

――慶長《けいちょう》五年（一六〇〇年）――

慶次《けいじ》が会津《あいづ》に来たその年の夏――。

天下人・秀吉《ひでよし》が大坂《おおさか》の伏見城《ふしみじょう》で亡《な》くなった。

天下の動きはにわかにあやしくなった。

五大老《ごたいろう》のひとり徳川家康《とくがわいえやす》が、秀吉が亡くなったのをいいことに、秀吉が禁《きん》じていた『大名《だいみょう》同士の縁組《えんぐみ》』を豊臣《とよとみ》家を差し置いて勝手に決めたり、前田利家《まえだとしいえ》が亡くなったあと、後を継《つ》いだ利長《としなが》に謀叛《むほん》の疑《うたが》いをかけて前田家の抑《おさ》え込《こ》みにかかったりと、どんどん自分の権力《けんりょく》を伸《の》ばしはじめたからだ。

こうして、五大老のひとり前田利長をおとなしくさせると、家康は次の標的《ひょうてき》として会津《あいづ》の上杉景勝《うえすぎかげかつ》を選んだ。

「上杉に謀叛の疑いあり」

といいちゃもんをつけ、会津を攻《せ》めることにしたのである。

が、家康《いえやす》は進軍してきたものの、上方《かみがた》での石田三成挙兵《いしだみつなりきょへい》の報《ほう》を受けて、途中《とちゅう》で引き返してしまった。

しかし、まだ油断《ゆだん》はできなかった。家康は会津《あいづ》の北方に位置する伊達政宗《だてまさむね》と最上義光《もがみよしあき》に、上杉《うえすぎ》が家康の軍を追撃《ついげき》してこないよう牽制《けんせい》させたのである。

景勝《かげかつ》は先代・謙信《けんしん》公の教えに沿《そ》い、「敵《てき》の弱みにつけ込《こ》んで追うのは義《ぎ》に反する」として家康を追うことはせず、最上と戦うことにし、直江兼続《なおえかねつぐ》に任《まか》せた。

（久《ひさ》しぶりの戦《いくさ》だ！　腕《うで》が鳴るぜ！）

兼続の軍に、慶次《けいじ》も自慢の朱槍《しゅやり》を持って参陣《さんじん》したのだが、その際《さい》、「大ふへん者」と書いた旗指物《はたさしもの》も持っていた。

これを見た古参の者たちが、

「新参者のくせに、大武辺者《だいぶへんもの》とはなんだ！」

「それを折ってくれようぞ！」

と怒《おこ》りだした。

すると、慶次はからからと笑い、

「武勇《ぶゆう》で知られた上杉家《うえすぎ》の方たちとあろうものが、読み方を知らないとは。俺《おれ》は長年の浪人《ろうにん》生活でいろいろと手元不如意《てもとふにょい》でな。それで『大不便者《だいふべんもの》』と書いたのだ」

とうそぶいた。

暗に「田舎者《いなかもの》である」と揶揄《やゆ》され、古参の者たちは真っ赤な顔で黙《だま》りこくった。

これを見ていた兼続《かねつぐ》は、ひそかに笑った。

（慶次殿《けいじどの》には困《こま》ったものだが、おかげで味方の士気が上がったな）

上杉家に古くから仕《つか》える者たちは、新参者の慶次に負けじと奮戦《ふんせん》するだろう。

そのおかげか、兼続率《ひき》いる上杉軍は、最上《もがみ》の畑谷城《はたやじょう》をわずか一日で落とすことに成功した。

上泉主水《かみいずみもんど》の指揮《しき》のもと、近くの山から三百挺《ちょう》もの鉄砲《てっぽう》を撃《う》たせ、これに敵《てき》が怯《ひる》んだ隙《すき》に、横合いから上杉軍が攻《せ》めかかった。

慶次は搦手《からめて》より攻め、逃《に》げようとする敵を討《う》ち取《と》り、二十八もの首を挙《あ》げ、次々と兼続の本陣《ほんじん》に送りつけた。

早くも敵方の城《しろ》を落とした兼続は兵を進め、長谷堂城《はせどうじょう》を囲んだ。

「ここを落とせば、最上義光《もがみよしあき》の山形城《やまがたじょう》は目と鼻の先だ」

が――。

長谷堂城《はせどうじょう》は攻《せ》めるに難《かた》い城《しろ》で、畑谷城《はたやじょう》のように簡単《かんたん》にはいかなかった。

兼続《かねつぐ》が「どう攻めようか」と考えている間に、どんどん時間が経《た》っていく。

そんな焦《あせ》りの中、ひとり悠々《ゆうゆう》と毎日のように虎《とら》の皮を敷《し》き、枕《まくら》を取り出して寝《ね》そべる男がいた。慶次《けいじ》である。

「慶次殿《どの》、このようなときになにを考えているのだ」

「のんびり寝ている場合か」

慶次の態度《たいど》を見咎《みとが》めた者たちが注意したが、慶次は気にも留《と》めず、

「ふああ……味方の動きがあまりにもゆるりとしているのでな。つい、眠《ねむ》けを催《もよお》してしまったのだ」

と、あくびをかいて、また寝そべる。

そうこうしている間に、兼続はある作戦に出た。

長谷堂城を守る湖水の堰《せき》を切り、水の手を断《た》とうというのだ。

しかし、それに気づいた最上《もがみ》兵たちが、そうはさせじと城《しろ》から出てきた。

堰《せき》を切りに行った味方を救うべく、上泉主水《かみいずみもんど》が馬に乗って駆《か》けつけようとしたところ、「危《あぶ》ないからおやめください！」と配下の者たちが次々に止めたが、

「味方を見捨《みす》てるわけにはいかぬ！」

と主水は馬を駆《か》って、敵中《てきちゅう》に躍《おど》り込《こ》んだ。これに続いたのは、大高七右衛門《おおたかしちえもん》という男ただひとりであった。

これを見た慶次《けいじ》は、なおも動こうとしない主水の配下の者たちを怒鳴《どな》りつけた。

「上泉殿《どの》を見捨てるのか!?　それでも武士《ぶし》か！」

慶次をはじめ二十騎《き》ばかりが敵に突《つ》っ込《こ》むと、主水と七右衛門は馬を下りて鎚《つち》を振《ふ》るっていた。

「早く逃《に》げろ！」

「わあ――っ」

作業中の兵たちが我先《われさき》にと引き上げていく。

慶次たちは刀を振《ふ》りかざし、彼《かれ》らを守りながら追いすがる敵《てき》を蹴散《けち》らし、なんとか

帰還《きかん》したのだが――。

乱戦《らんせん》の結果、主水《もんど》と七右衛門《しちえもん》は討《う》ち死《じ》に。

慶次《けいじ》たちも鎧《よろい》に無数の矢が刺《さ》さり、手にした武器《ぶき》は刃《は》こぼれがひどく、全身、敵《てき》や味方の血を浴びて真っ赤になっているという悲壮《ひそう》な有様だった。

「貴様《きさま》らは大将《たいしょう》を見殺しにした。七右衛門以外に男はいないのか⁉」

主水を助けられなかった無念に、慶次は唇《くちびる》を強く噛《か》んだ。


長谷堂城《はせどうじょう》を落とせぬまま、数日が過ぎ――。

ある日、突然《とつぜん》、景勝《かげかつ》から兼続《かねつぐ》に撤退命令《てったい》が出された。

関ヶ原《せきがはら》での戦いに、西軍の石田三成《いしだみつなり》が敗《やぶ》れたのである。それもたった一日で決着がついたとのことだった。

しかし、ここは敵地。軍を無事に撤退させるのは至難《しなん》の業《わざ》である。あの信長《のぶなが》も「金ヶ崎《かねがさき》の退《の》き口《ぐち》」では命からがら京《きょう》まで逃《に》げ延《の》びたのだ。それは殿軍《しんがり》を務めた秀吉《ひでよし》の働きのおかげでもあったのだが――。

兼続《かねつぐ》は大将《たいしょう》であるにもかかわらず、自身が殿軍《しんがり》を務めることを決めた。

「懸《かか》り引《び》きでいく！　全軍、敵《てき》に悟《さと》られぬよう、準備せよ！」

そして、景勝《かげかつ》から撤退《てったい》命令が届《とど》いた翌日《よくじつ》の十月一日。

兼続は長谷堂城《はせどうじょう》の囲みを解《と》き、撤退を開始した。

懸り引きとは、殿軍を二つに分け、攻守を入《い》れ替《か》えながら撤退していくという戦法であるが、それとは別に兼続は水原親憲《すいばらちかのり》の鉄砲隊《てっぽうたい》を山に潜《ひそ》ませ、追ってくる敵を狙《ねら》い撃《う》たせた。

鉄砲に怯《ひる》んだ敵を攻《せ》めの殿軍が押《お》し、敵が後退する間に素早《すばや》く撤退する。

が、これは非常に苦しい戦いであった。

「もし、敵に討《う》ち取《と》られるような事態《じたい》になれば、わたしは切腹《せっぷく》する。敵の手にかかっては、恩義《おんぎ》ある上杉《うえすぎ》家に申《もう》し訳《わけ》が立たぬ」

そう言い出した兼続を、近くにいた慶次《けいじ》が「馬鹿《ばか》なことを！」と叱《しか》り飛《と》ばした。

「大将《たいしょう》が弱気になってどうする！　大将は大きなことを考え、小さなことに屈《くっ》しないことを第一にすべきぞ。兼続殿《どの》が成すことは、景勝《かげかつ》様より預かったこの軍を米沢《よねざわ》まで

無事に帰すことだ。ここは俺《おれ》に任《まか》せておけ！」

自慢《じまん》の朱槍《しゅやり》を手に、慶次《けいじ》は敵《てき》中に躍《おど》り込《こ》む。

慶次のあとには、同じような朱槍を持った四人の武者《むしゃ》が続いた。いずれも景勝《かげかつ》より朱槍の所持を許《ゆる》された豪《ごう》の者たちである。

水原親憲《すいばらちかのり》も鉄砲《てっぽう》二百挺《ちょう》で慶次たちを援護《えんご》し、最上勢《もがみぜい》を狙《ねら》い撃《う》つ。

この猛撃《もうげき》に、やがて最上勢は追撃《ついげき》をあきらめ、兵を退《ひ》いた。

「……もうよい！　皆《みな》、米沢《よねざわ》へ帰るぞ！」

慶次は残った味方をまとめ、一路、米沢を目指したのだった。

その後の前田慶次《まえだけいじ》

上杉《うえすぎ》家は会津《あいづ》百二十万石《ごく》から米沢《よねざわ》三十万石に厳封《げんぽう》。兼続《かねつぐ》は浪人衆《ろうにんしゅう》を「召《め》し放《はな》ち」、つまり解雇《かいこ》しました。現代《げんだい》に置《お》き換《か》えれば、社員は減給《げんきゅう》で留《とど》め、契約《けいやく》社員やアルバイトは辞《や》めさせた――といえばわかりやすいでしょうか。

これは組外衆《くみはずれしゅう》にいた慶次も例外ではありませんでした。戦《いくさ》のあと、慶次は会津を出て上洛《じょうらく》します。京《きょう》に出て来た慶次のもとには、「長谷堂城《はせどうじょう》の戦い」での見事な戦いぶりを伝え聞いた各地の大名《だいみょう》たちが、こぞってスカウトマンを差し向けましたが、

「天下に我《わ》が主とするのは、上杉景勝殿《かげかつどの》だけだ。今回、石田三成《いしだみつなり》に与《くみ》した者たちが天下分け目の戦いで西軍が敗北するやいなや、徳川《とくがわ》に人質《ひとじち》を出して機嫌《きげん》を取ろうとした姿《すがた》はじつに浅ましい。そんな連中に仕《つか》えるのは御免《ごめん》こうむる」

慶次はそう言って、京からまた米沢へと戻《もど》りました。この二十六日間の旅は「前田慶次道

中日記」として残されています。朝鮮人《ちょうせんじん》の家来を三人連れていたことや、旅の途中《とちゅう》で詠《よ》んだ歌、各地で見聞きした出来事などが綴《つづ》られ、当時の風物を知るうえでも貴重《きちょう》な資料《しりょう》となっているそうです。米沢《よねざわ》に戻《もど》った慶次《けいじ》は五百石《こく》を与《あた》えられ、堂森《どうもり》というところで「無苦庵《むくあん》」という名の庵《いおり》を結び、余生《よせい》を送ることにしました。

兼続《かねつぐ》との交流はその後も続いたようで、慶長《けいちょう》七年二月二十七日、兼続主催《しゅさい》の「亀岡文殊奉《かめおかもんじゅほう》納歌《のうか》百首」に参加。奇妙《きみょう》な行動ばかりが目立ちますが、慶次は教養深い文化人でもあり、多くの歌を残している歌人でもあったのです。

兼続も朝鮮出兵の際《さい》、戦火で失われることを恐《おそ》れて、多くの書物を日本に持ち帰ったり、和漢の古典に精通《せいつう》していましたので、文化面でも、このふたりは気が合ったのだと思われます。

さて、慶次の生没年《せいぼつ》は不詳《ふしょう》なので、あえて推定年齢《すいていねんれい》も記しませんでしたが、どこで生まれたか、どこで亡くなったかも諸説《しょせつ》あって定かではありません。

叔父《おじ》の前田利家《まえだとしいえ》より年上だったという説がありますので、そこから年齢を察してみたら驚《おどろ》く方も多いと思います。よかったら、巻末《かんまつ》の年表で利家の生年を調べてみてください。

❖ 慶次《けいじ》は家族想いだった？

慶次には妻《つま》との間に、一男三女がいました。

当然、前田《まえだ》家を出奔《しゅっぽん》する際《さい》は、この家族を置いてきたことになります。

慶次の晩年《ばんねん》に仕《つか》えていたという野崎知道《のざきともみち》という人が書き残した「前田慶次殿伝」によると、慶次は戸田弥五衛門《とだやごえもん》の船に乗って桑名《くわな》へ渡《わた》る途中《とちゅう》、この弥五右衛門に「わしの娘《むすめ》の華《はな》はたいへんな美人だが、まだ嫁《とつ》ぎ先《さき》が決まっていない。よかったらもらってくれないか」と持《も》ち掛《か》けました。弥五右衛門はこれを快諾《かいだく》し、華を妻としたそうです。

船の上で「自分の娘は美人だ」と売り込んで縁談《えんだん》を決めてしまうなんて、慶次らしい豪快《ごうかい》な話ですが、この娘の結婚《けっこん》生活は幸せなものだったらしいので、父親としての慶次の目に狂《くる》いはなかったということでしょう。

安心した慶次は、大和国《やまとのくに》で余生《よせい》を暮《く》らし、そこで没《ぼっ》したとも言われています。

武将《ぶしょう》ファイル

前田慶次《まえだけいじ》編

前田利久《まえだとしひさ》(?-1587)

慶次《けいじ》の養父。男子に恵まれず、慶次を養子に迎《むか》え、家督《かとく》を譲《ゆず》ろうとしたが、信《のぶ》長《なが》の鶴《つる》の一声で家督は弟の利家《としいえ》に譲ることになり、慶次とともに荒子城《あらこじょう》を退去《たいきょ》した。その際《さい》、妻《つま》が前田家先祖《せんぞ》代々の家宝《かほう》を渡《わた》すまいと呪《のろ》いをかけたという話も。のちに利家に仕《つか》える。

滝川一益《たきがわかずます》(1525-1586)

信長《のぶなが》の重臣《じゅうしん》。慶次《けいじ》の親戚《しんせき》だと言われている。

前田利家《まえだとしいえ》(1538-1599)

信長《のぶなが》の小姓《こしょう》から出世した。秀吉政権下《ひでよしせいけんか》の五大老《ごたいろう》のひとり。若《わか》い頃《ころ》は「槍《やり》の又《また》左《ざ》」と呼《よ》ばれる傾奇者《かぶきもの》だった。算盤《そろばん》を弾《はじ》くのが大好き。慶次《けいじ》の叔父《おじ》にあたるが、慶次より年下だったという説あり。加賀《かが》百万石《ごく》の基礎《きそ》を築《きず》く。

上泉主水《かみいずみもんど》(1552？-1600)

もともと北条《ほうじょう》氏の家臣《かしん》だったが、景勝《かげかつ》の要請《ようせい》を受けて仕官《しかん》し、兼続《かねつぐ》配下になった。「長谷堂城《はせどうじょう》の戦い」の最中、壮絶《そうぜつ》な死を遂《と》げる。

水原親憲《すいばらちかのり》(1546-1616)

「長谷堂城《はせどうじょう》の戦い」では鉄砲隊《てっぽうたい》を指揮《しき》して、殿軍《しんがり》となった兼続《かねつぐ》や利家《としいえ》を無事に撤退《てったい》させた。「大坂《おおさか》冬の陣《じん》」で江戸幕府《えどばくふ》第2代将軍《しょうぐん》・徳川秀忠《とくがわひでただ》から感状《かんじょう》（戦《いくさ》の功労《こうろう》を称《たた》えた文書）をもらったとき、「こんな子どもの石合戦のような戦で感状をもらえるとは」と笑って人々に話したという逸話《いつわ》がある。謙信《けんしん》について激戦《げきせん》を戦い抜《ぬ》いてきた彼《かれ》にとっては、「大坂冬の陣」は「花見同然」というくらい、たいしたことのない戦だったらしい。

用語解説

家督【かとく】
家長権《かちょうけん》のこと。基本的に嫡男《ちゃくなん》が単独相続《たんどくそうぞく》する。日本国憲法施行《にほんこくけんぽうしこう》後、この制度《せいど》は廃止《はいし》された。

嫡男【ちゃくなん】
後継《あとつ》ぎと定められた男子を指す。正室《せいしつ》の子と側室《そくしつ》の子では、正室の子が優先《ゆうせん》される場合が多い。

正室【せいしつ】
正式な妻《つま》のことで、ひとりしか許されない。

側室【そくしつ】
正室《せいしつ》以外の妻《つま》のこと。戦国《せんごく》時代は子孫を残すため多くの大名《だいみょう》が側室を迎《むか》えた。

継室【けいしつ】
正室《せいしつ》が亡《な》くなった後に迎《むか》えた後《ご》妻《さい》。

守護【しゅご】
室町幕府《むろまちばくふ》・鎌倉《かまくら》幕府が置いた武《ぶ》家《け》の職《しょく》。国ごとの軍事と行政《ぎょうせい》を担《にな》う。

足軽【あしがる】
戦争時にかり出される雑兵《ぞうひょう》のこと。

殿軍【しんがり】
退却《たいきゃく》する軍の最後尾《さいこうび》で、敵《てき》の追《つい》撃《げき》をふせぐ役。

移封【いほう】
領地《りょうち》を別の場所に移《うつ》すこと。国《くに》替《がえ》や転封《てんぽう》ともいう。

調略【ちょうりゃく】
話し合いにより、敵《てき》を味方に寝《ね》返《がえ》らせる、または中立の立場になるよう、平和的に政治工作を進めること。

仕置き【しおき】
政治的な処置《しょち》。奥州《おうしゅう》仕置きでは、改易《かいえき》、減封《げんぽう》、移封《いほう》などが行われた。

縄張り【なわばり】
城《しろ》の曲輪《くるわ》や門、堀《ほり》などの位置。それを定めること。

曲輪【くるわ】
城《しろ》の区画を表す言葉。

御相伴衆【おしょうばんしゅう】
室町幕府《むろまちばくふ》の役職的《やくしょくてき》な身分の一つ。将軍《しょうぐん》の宴席《えんせき》や、他家を訪問《ほうもん》する際などに付き添《そ》う。

「戦国武将列伝〈風〉の巻」全体年表

1515年（永正《えいしょう》12年）	北条氏康《ほうじょううじやす》、相模《さがみ》に誕生《たんじょう》
1519年（永正16年）	今川義元《いまがわよしもと》、駿河《するが》に誕生
1521年（大永《だいえい》元年）	武田信玄《たけだしんげん》、甲斐《かい》に誕生
1523年（大永3年）	義元、寺に預けられ、太原雪斎《たいげんせっさい》の教育を受ける
1530年（享禄《きょうろく》3年）	氏康、小沢原《おざわがはら》の戦いにて初陣《ういじん》を果たす
1530年（享禄3年）	上杉謙信《うえすぎけんしん》、越後《えちご》に誕生
1534年（天文《てんぶん》3年）	織田信長《おだのぶなが》、尾張《おわり》に誕生
1536年（天文5年）	義元、花倉《はなくら》の乱《らん》に勝利。家督《かとく》を継《つ》ぐ
1537年（天文6年）	豊臣秀吉《とよとみひでよし》、生まれる
	信玄《しんげん》、海ノ口城《うんのくちじょう》攻めにて初陣を果たす
1538年（天文7年）	前田利家《まえだとしいえ》、生まれる
1541年（天文10年）	信玄、父・信虎《のぶとら》を追放し、武田家の家督を継ぐ
1542年（天文11年）	徳川家康《とくがわいえやす》、生まれる

1546年（天文《てんぶん》15年）	氏康《うじやす》、河越夜戦《かわごえよいくさ》
1548年（天文17年）	第二次小豆坂《あずきざか》の戦い（今川義元《いまがわよしもと》VS織田信秀《おだのぶひで》）
	謙信《けんしん》、家督《かとく》を継《つ》ぎ、越後守護代《えちごしゅごだい》となる
1553年（天文22年）	第一次川中島《かわなかじま》の戦い（武田信玄《たけだしんげん》VS上杉《うえすぎ》謙信）
1554年（天文23年）	「甲相駿《こうそうすん》三国同盟《どうめい》」が成立
1555年（弘治《こうじ》元年）	第二次川中島の戦い
1557年（弘治3年）	第三次川中島の戦い
1560年（永禄《えいろく》3年）	義元、桶狭間《おけはざま》の戦いで死す
	直江兼続《なおえかねつぐ》、越後に生まれる
1561年（永禄4年）	小田原城籠城戦《おだわらじょうろうじょう》（北条《ほうじょう》氏康VS上杉謙信）
	第四次川中島の戦い
1568年（永禄11年）	足利義昭《あしかがよしあき》、第15代将軍《しょうぐん》になる
1569年（永禄12年）	小田原城籠城戦（北条氏康VS武田信玄）
1571年（元亀《げんき》2年）	氏康、小田原城にて死去
1572年（元亀3年）	信玄、三方ヶ原《みかたがはら》の戦いにて徳川家康《とくがわいえやす》に圧勝《あっしょう》
1573年（天正《てんしょう》元年）	信玄、信濃国《しなののくに》・駒場《こまんば》にて死去

1573年（元亀《げんき》4年）	信長《のぶなが》、京《きょう》より足利義昭《あしかがよしあき》を追放（室町幕府滅亡《むろまちばくふめつぼう》）
1575年（天正《てんしょう》3年）	長篠《ながしの》の戦い（信長ＶＳ武田勝頼《たけだかつより》）
1577年（天正5年）	謙信《けんしん》、手取川《てどりがわ》の戦いにて織田《おだ》軍を撃退《げきたい》
1578年（天正6年）	謙信、春日山城《かすがやまじょう》にて死去
1578年（天正6年）	御館《おたて》の乱《らん》（上杉景勝《うえすぎかげかつ》ＶＳ上杉景虎《かげとら》）
1581年（天正9年）	兼続《かねつぐ》、お船《せん》の方《かた》と結婚《けっこん》し、直江《なおえ》家を継《つ》ぐ
1582年（天正10年）	天目山《てんもくざん》の戦いにて、武田氏滅亡
	本能寺《ほんのうじ》の変にて、織田信長死す
	山崎《やまざき》の戦い（羽柴秀吉《はしばひでよし》ＶＳ明智光秀《あけちみつひで》）
1583年（天正11年）	賤ヶ岳《しずがたけ》の戦い（羽柴秀吉ＶＳ柴田勝家《しばたかついえ》）
1585年（天正13年）	前田慶次《まえだけいじ》、能登国阿尾城主《のとのくにあおじょうしゅ》となる
1590年（天正18年）	小田原《おだわら》攻め（北条《ほうじょう》氏滅亡）。秀吉、天下統一《とういつ》を成す
	慶次、前田《まえだ》家を出奔《しゅっぽん》
1592年（文禄《ぶんろく》元年）	文禄《ぶんろく》の役《えき》（第一次朝鮮《ちょうせん》出兵）
1597年（慶長《けいちょう》2年）	慶長《けいちょう》の役（第二次朝鮮出兵）
1598年（慶長3年）	上杉景勝《かげかつ》、会津《あいづ》に移封《いほう》

	豊臣秀吉《とよとみひでよし》、死去
	慶次《けいじ》、会津《あいづ》の上杉景勝《うえすぎかげかつ》に仕官《しかん》
1599年（慶長《けいちょう》4年）	前田利家《まえだとしいえ》、死去
1600年（慶長《けいちょう》5年）	関ヶ原《せきがはら》の戦い（石田三成《いしだみつなり》VS徳川家康《とくがわいえやす》）
	長谷堂城《はせどうじょう》の戦い（直江兼続《なおえかねつぐ》VS最上義光《もがみよしあき》）
	慶次《けいじ》、長谷堂城の戦いに参戦
1601年（慶長6年）	上杉景勝、米沢《よねざわ》に移封《いほう》
1616年（元和《げんわ》2年）	家康《いえやす》、死去
1619年（元和5年）	兼続、江戸《えど》で死去

あとがき――戦国武将《せんごくぶしょう》の人生を知ると歴史はもっと楽しくなります――

みなさん、こんにちは。藤咲あゆなです。

『戦国武将列伝《れつでん》〈風《かぜ》〉の巻《まき》』は、楽しんでいただけましたでしょうか。

今回は京《きょう》より東国を中心に、六人の武将をご紹介《しょうかい》しました。

「今川義元《いまがわよしもと》」の「桶狭間《おけはざま》の戦い」のシーンは、「織田信長《おだのぶなが》」(『〈疾〉の巻』収録《しゅうろく》)と合わせて読むと、さらにおもしろく読めると思います。よかったら、『〈疾〉の巻』をお持ちの方は読み返してみてください(もちろん、この巻だけでも充分《じゅうぶん》楽しめます!)。

それでは、各武将ごとにコメントしていきますね。

【武田信玄《たけだしんげん》】
武田といえば「武田二十四将」が有名です。これは江戸《えど》時代にはいってからの呼称《こしょう》で、作成された図によって人選が異《こと》なるのですが、物語中に登場した「板垣信方《いたがきのぶかた》」

「山本勘助《やまもとかんすけ》」「高坂弾正《こうさかだんじょう》」などが名を連ね、信玄《しんげん》も二十四将《しょう》のひとりに入っています。

　信玄の有名な言葉に、

「人は城《しろ》、人は石垣《いしがき》、人は堀《ほり》、情《なさ》けは味方、仇《あだ》は敵《てき》なり」

というのがあります。簡単《かんたん》に言うと、人材はもっとも固い守りとなる。情けは人々の心をつなぎ、恨《うら》みや憎《にく》しみはやがて国滅《ほろ》ぼす」という意味です。

　このように信玄はなによりも人のつながりを大事にしたので、武田《たけだ》の家臣団《かしんだん》は結束《けっそく》が固いことで有名でした。

　話は変わりますが、多忙《たぼう》な信玄は彼専用《かれせんよう》のトイレでも仕事をしていました。トイレと言っても、六畳敷《じょうじ》きで広く、風呂《ふろ》の水を下水として流す水洗式《すいせんしき》で清潔《せいけつ》なものだったそうです。信玄はこのトイレを「甲州山《こうしゅう》」と呼《よ》んでいて、家臣たちがなぜそう呼ぶのかと尋《たず》ねた際《さい》、「山には草木（臭《くさ》き）が絶《た》えないから」と答えたとか。やはり臭《にお》いは気になっていたのか、このトイレには香炉《こうろ》を置き、伽羅《きゃら》を焚《た》き染《し》めていたらしいです。

　用を足しながら、戦略《せんりゃく》を練《ね》ったり、訴訟《そしょう》問題の処理《しょり》に当たっていた信玄。ひとりきりになれる空間がいちばん落ち着くことができたのかもしれません。

【今川義元《いまがわよしもと》】

母親が公家《くげ》の姫《ひめ》だった影響《えいきょう》と、自身も京《きょう》へ留学していた経験《けいけん》から、京文化にかなり傾倒《けいとう》していたようです。

お歯黒大名《はぐろだいみょう》と揶揄《やゆ》されることもありますが、文武両道《ぶんぶりょうどう》でなければ家臣《かしん》はついてきませんので、優秀《ゆうしゅう》な武将《ぶしょう》だったと思います。本当に暗愚《あんぐ》な武将であれば、武田信虎《たけだのぶとら》のように家中の者たちから追放されていたか、謀叛《むほん》を起こされていたでしょう。

今川といえば、分国法《ぶんこくほう》「今川仮名目録《かなもくろく》」が有名です。これは義元の父・氏親《うじちか》が制定《せいてい》したものですが、義元はこれにさらに「追加二十一ヶ条《じょう》」を加えました。これは守護《しゅご》大名《だいみょう》から戦国《せんごく》大名へ、完全な脱却《だっきゃく》を果たしたものだと言われています。大国の統治《とうち》をスムーズに行うため、独自の法律が必要だったのですね。

また話は変わりますが、義元が桶狭間《おけはざま》で使った愛刀「左文字《さもんじ》」は、現在《げんざい》、信長《のぶなが》を祀《まつ》った京都の建勲《たけいさお》神社に納《おさ》められています（「義元左文字」重要文化財《ぶんかざい》指定）。

実は武田信玄《しんげん》の姉（定恵院《じょうけいいん》）が義元に輿入《こしい》れする際《さい》、信虎から義元に贈《おく》られたものです（もともとは三好《みよし》氏の所有で信玄のもとへ三条《さんじょう》の方《かた》が嫁《とつ》ぐ際、引き出物として甲《か》斐《い》に伝わったもの）。

「桶狭間《おけはざま》の戦い」ののち、信長《のぶなが》の所有となり、信長は戦勝の記念にこの刀に、「織田尾張守信長」「永禄三年五月十九日義元討補刻彼所持持刀」と銘《めい》を入れました。

信長は「本能寺《ほんのうじ》の変」の際《さい》も、この刀を所持していたそうです。その後、「左文字《さもんじ》」は秀吉《ひでよし》→秀頼《ひでより》→家康《いえやす》と渡《わた》り、徳川幕府将軍《とくがわばくふしょうぐん》に代々受《う》け継《つ》がれていきました。

こうした経緯《けいい》から、「天下取りの刀」とも呼《よ》ばれています。

【北条氏康《ほうじょううじやす》】

北条氏三代目。「氏康疵《うじやすきず》」で知られるように勇猛《ゆうもう》な武将《ぶしょう》で、二十一世紀の今でもファンは多いです。

氏康の逸話《いつわ》で有名なのは、「汁《しる》かけご飯の話」です。

嫡男《ちゃくなん》の氏政《うじまさ》は、ご飯にみそ汁をかけるのが大好きでした。ある日、氏政が二度、汁をご飯にかけて食べるのを見た氏康は、

「飯《めし》にかける汁《しる》の量もわからないとは、北条《ほうじょう》も私《わたし》の代で終わりか」

と嘆《なげ》いたそうです。

これは後世の創作《そうさく》だと思われますが、氏政《うじまさ》の采配《さいはい》がまずかったので、北条は滅《ほろ》んだと後世の人が評価《ひょうか》した例のひとつでしょう。

この巻《かん》ではふれなかった話に、「三増峠《みませとうげ》の戦い」があります。

永禄《えいろく》十二年（一五六八年）九月、小田原城《おだわらじょう》を囲むものの、落とすことをあきらめ、兵を引くことにした武田信玄《たけだしんげん》。それを見て、氏康《うじやす》は追撃《ついげき》を氏政に命じました。

敵地《てきち》に深く入り込んだ自軍を引き上げるのは至難《しなん》の業《わざ》――というのは、「直江兼続《なおえかねつぐ》」と「前田慶次《まえだけいじ》」の話で見た通りですが、信玄も北条の追撃を恐《おそ》れ、最短ルートで甲斐《かい》を目指しました。

このルートを予想していた氏康は、三男・氏照《うじてる》と四男・氏邦《うじくに》を途中《とちゅう》の三増峠に配置。氏政の軍と挟《はさ》み撃《う》ちにする作戦を立てます。

が――信玄はこれを予想し、軍を分け、氏政が到着《とうちゃく》する前に北条勢《ほうじょうぜい》を崩《くず》すことに成功。氏政の軍が一日早く到着していれば、信玄は討《う》ち取《と》られていたかもしれません。

結果としてこの戦《いくさ》は、北条《ほうじょう》の負けで終わりましたが……。氏康《うじやす》と信玄《しんげん》。どちらの戦略《せんりゃく》も巧妙《こうみょう》だったので、「名勝負」として今でも語られています。

私《わたし》は現在《げんざい》、神奈川県川崎《かわさき》市北部在住ですが、小沢城址《おざわじょうし》や勝坂《かちざか》は結構《けっこう》近くにあったりします。県民としては、神奈川県が誇《ほこ》る戦国武将《せんごくぶしょう》——北条早雲《ほうじょうそううん》、氏綱《うじつな》、氏康、氏政《うじまさ》、氏直《うじなお》の「北条五代」を、そのうちぜひ大河ドラマで見てみたいです。

【上杉謙信《うえすぎけんしん》】

義《ぎ》に厚《あつ》い武将《ぶしょう》、謙信《けんしん》。実は敵将《てきしょう》である北条氏康や武田《たけだ》信玄にも、その人柄《ひとがら》を認《みと》められていたという話があります。

北条氏康は、

「謙信《けんしん》は頼《たよ》られた以上は死ぬまで義理を貫《つらぬ》くという。肌着《はだぎ》を分けてもらい、若《わか》い武将《ぶしょう》のお守り袋《ぶくろ》にさせたい。私がもし明日死ぬことがあれば、あとを任《まか》せられるのは謙信しかいない」

とまで言っていたといいます。結局、氏康は死を前にして「上杉《うえすぎ》と結んだのは間違《まちが》いだった。武田《たけだ》とふたたび結べ」と遺言《ゆいごん》しますが、一時期、謙信《けんしん》のことを高く評価《ひょうか》していたことがうかがえます。

また、永遠のライバル・武田信玄《しんげん》は死を前に、

「謙信は頼《たよ》られれば決して無碍《むげ》にしない。実に信用できる男だ。本来であれば、自分がそうすべきだったのに、最後まで意地を張《は》って手を取り合うことがなかったのは、誠《まこと》に残念だ。だから私《わたし》の代わりに、自ら申し出て謙信と手を結ぶように」

と、勝頼《かつより》に言い残したという説もあります。

勝頼はもしかしたら、この言葉を覚えていて、謙信の後継者争《こうけいしゃあらそ》い「御館《おたて》の乱《らん》」の際《さい》、謙信の甥《おい》である上杉景勝《うえすぎかげかつ》からの同盟《どうめい》の申《もう》し込《こ》みを受けたのかもしれませんね。


【直江兼続《なおえかねつぐ》】

兜《かぶと》につけられた「愛」の前立てが有名な武将《ぶしょう》。昔、家族旅行で米沢《よねざわ》に連れていってもらったときに上杉《うえすぎ》神社の宝物殿《ほうもつでん》でその兜を見て、私《わたし》は初めて兼続という武将を知りました。「なぜ、愛?」と首をひねりましたよ。インパクト大でした(笑)。

「愛」の前立ての由来は「愛染明王《あいぜんみょうおう》」か「愛宕権現《あたごごんげん》」のどちらかから一字取ったという説や、「愛民」の精神《せいしん》からきているという説もありますが、本当のところはわかっていません。

さて、兼続《かねつぐ》ですが、こんな厳《きび》しい一面もありました。

景勝《かげかつ》の家臣《かしん》がある日、ちょっとしたことで茶坊主《ちゃぼうず》を無礼打ちにしてしまうという事件《じけん》が起きました。怒《おこ》った茶坊主の遺族《いぞく》は「生きて返せ」とその家臣に詰《つ》め寄《よ》り、困《こま》った家臣が兼続に相談しました。兼続は「充分《じゅうぶん》に弔《とむら》ってほしい」と遺族に銀子《ぎんす》を二十枚《まい》差し出しましたが、遺族は「生きて返せ」と言い続け、一歩も引きません。困《こま》った兼続は「迎《むか》えの者たちを差し向けますので、茶坊主を返してください」と閻魔《えんま》大王に手紙を書き、「これを持って地獄《じごく》へ行け」と茶坊主の兄と伯父《おじ》の首を刎《は》ね、その首に閻魔大王宛《あ》ての手紙を添《そ》えたといいます。

茶坊主が死んだのは不幸な出来事ですが、領国《りょうごく》を治めるには厳しい決断《けつだん》をせざるを得なかったこともあったのでしょうね。

【前田慶次《まえだけいじ》】

「本当に実在《じつざい》したのか？」と疑《うたが》われるほど、破天荒《はてんこう》な人物。私《わたし》は密《ひそ》かに「伝説のエピソード王」と呼《よ》んでいます。それぐらい逸話《いつわ》が多いんです。

そんな慶次ですが、物語中に書いた「そっぺら」と同じく「逆《ぎゃく》にしてやられた」というこんな話もあります。

ある日、町を歩いていた慶次は、古道具屋の店先にある鐙《あぶみ》に目を留めました。ひとめで気に入ったのですが、鐙は片方《かたほう》だけしか出ていません。

慶次はがっかりして帰ったのですが、この古道具屋の主人はなんとか売りつけようと、密かに自分の他の店に鐙を移《うつ》して、また店先に出しておきました。

しばらくして、たまたまその店の前を通った慶次は、片方の鐙を見つけて大喜び。その鐙が右か左かも確《たし》かめずに、すぐに買い求め、前に同じ鐙を見つけた店に走ったのですが――。

「あの鐙は売れてしまいました」

と、しれっと店の主人に言われ、慶次はがっかりして帰ったということです。

慶次《けいじ》は、おっちょこちょいな性格《せいかく》だったのかも。そんなところも、彼《かれ》が昔から長く愛されている魅力《みりょく》のひとつではないでしょうか。

それでは、このページを借りて、上杉輝虎《うえすぎてるとら》（謙信《けんしん》）や最上義光《もがみよしあき》が偏諱《へんき》を受けた室町《むろまち》幕府《ばくふ》第十三代将軍《しょうぐん》「足利義輝《あしかがよしてる》」をご紹介《しょうかい》しましょう。

【足利義輝《あしかがよしてる》】（一五三六―一五六五）

「剣豪《けんごう》将軍」という異名《いみょう》で知られる第十三代将軍。

父は第十二代将軍「足利義晴《よしはる》」で、管領《かんれい》の細川政元《ほそかわまさもと》と対立していた義晴は、たびたび京《きょう》から近江《おうみ》へと落ち、義輝もこれに従《したが》っていました。

天文《てんぶん》十五年（一五四六年）、義輝はわずか十一歳《さい》で将軍となりますが、就任《しゅうにん》の儀式《ぎしき》は京ではなく、近江で行われました。

将軍になって六年後、やっと京へ戻《もど》ることができましたが、三好長慶《みよしながよし》や松永久秀《まつながひさひで》の傀儡《かいらい》で実権《じっけん》はなく、一年後にまた京を落ち、近江へ逃《のが》れるはめに。

その後、義輝《よしてる》は武田信玄《たけだしんげん》と上杉謙信《うえすぎけんしん》の調停役となったり、各地の戦《いくさ》に関わることで幕府《ばくふ》の権威《けんい》回復を目指し、永禄《えいろく》元年（一五五八年）、ふたたび京《きょう》へと戻《もど》ることに成功。

永禄七年（一五六四年）、いちばんの邪魔者《じゃまもの》、三好長慶《みよしながよし》が病死。義輝《よしてる》はこの絶好《ぜっこう》の機会を逃《のが》さず、次に邪魔な松永久秀《まつながひさひで》を討《う》とうと考えましたが、逆《ぎゃく》に松永久秀に先手を打たれ、二条御所《にじょうごしょ》を囲まれてしまいました。

永禄八年（一五六五年）五月十九日。雨がそぼ降《ふ》る深夜のこと。久秀の奇襲《きしゅう》を知った義輝は「逃《に》げ隠《かく》れすることなく、将軍《しょうぐん》らしく最後まで戦う」と言って、辞世《じせい》の句を詠《よ》みました。

五月雨《さみだれ》は　露《つゆ》か涙《なみだ》か　ほととぎす　わが名を上げよ　雲の上まで

そのあと、屋敷《やしき》の中にあった名刀をすべてかき集め、義輝は次々と刀を鞘《さや》から抜《ぬ》くと、それらをすべて畳《たたみ》に突《つ》き刺《さ》し、奇襲に備《そな》えました。

刀は大勢《おおぜい》を相手にすると切れ味が悪くなる――。それで刀を替《か》える際《さい》、鞘から抜く手間を省《はぶ》くためにこうしたのです。

義輝《よしてる》は剣豪《けんごう》で知られる「塚原卜伝《つかはらぼくでん》」の弟子でした。

襲《おそ》い来《く》る久秀《ひさひで》の兵たちを、次から次へと斬《き》り捨《す》て、刀を替《か》え、また斬って斬って斬りまくり――。

血しぶきを浴《あ》びて真っ赤に染《そ》まる義輝。その気迫《きはく》に押《お》された兵たちは容易《ようい》に近づくことができず、遠巻《とおま》きに囲みます。

しかし、次の瞬間《しゅんかん》――。義輝は足を払《はら》われ、どうっと畳《たたみ》の上に倒《たお》れました。背後《はいご》からそっと近づいた久秀の家臣《かしん》が槍《やり》で襲ったのです。

兵たちは何枚《まい》もの障子《しょうじ》をかぶせて倒れた義輝を抑《おさ》え込《こ》み――動きを封《ふう》じられた義輝は何本もの槍で刺《さ》され、絶命しました。三十歳《さい》の若《わか》さでした。

義輝の死後、三好《みよし》三人衆《しゅう》や松永《まつなが》久秀にとって都合《つごう》のよい、義栄《よしひで》（義輝の従兄弟《いとこ》）が第十四代将軍《しょうぐん》となりましたが……。

義輝暗殺の際《さい》、三好勢《ぜい》によって奈良に幽閉《ゆうへい》された弟がいました。この弟はのちに細《ほそ》川藤孝《かわふじたか》（幽斎《ゆうさい》）によって救《すく》いだされ、越前《えちぜん》の朝倉義景《あさくらよしかげ》を頼《たよ》りましたが、朝倉があてにならないとわかると、織田信長《おだのぶなが》に助力を求め、三年後、上洛《じょうらく》を果たします。義栄《よしひで》を追いやり、信長《のぶなが》のおかげで将軍《しょうぐん》になったのが、室町幕府《むろまちばくふ》第十五代将軍足利義昭《あしかがよしあき》です。しかし、義昭は信長の傀儡《かいらい》に過ぎず……。それを由《よし》としなかった義昭はその後、信長と決裂《けつれつ》。結果、将軍職《しょく》を追われ……室町幕府は彼《かれ》の代で滅亡《めつぼう》しました。

さて、ここまでお読みいただき、ありがとうございました！

もしよければ、感想などお聞かせくださいね。

「風《かぜ》の巻《まき》」の次に「怒《いかり》の巻」になります。

足軽《あしがる》から天下人まで登りつめた「豊臣秀吉《とよとみひでよし》」がついに登場！　ほか、「独眼竜《どくがんりゅう》」として知られる「奥州《おうしゅう》の覇者《はしゃ》・伊達政宗《だてまさむね》」など、個性的《こせいてき》な武将《ぶしょう》たちをご紹介《しょうかい》します。楽しみに待っていただけるとうれしいです。

二〇一五年春

藤咲あゆな

主な参考文献

「手にとるように戦国時代がわかる本」加来耕三監修　岸祐二（かんき出版）
「この一冊で「戦国武将」101人がわかる!」小和田哲男（三笠書房）
「新編　武田信玄のすべて」柴辻俊六編（新人物往来舎）
「名参謀・直江兼続」小和田哲男（三笠書房）
「読むだけですっきりわかる直江兼続」後藤武士（宝島社）
「図解　戦国名合戦　時々刻々」小和田哲男（KADOKAWA）
「戦国史が面白くなる「戦国武将」の秘密」渡邊大門（洋泉社）
「NHKその時歴史が動いた　傑作DVDマガジン　戦国時代編 vol.8 武田信玄」（講談社MOOK）
「NHKその時歴史が動いた　傑作DVDマガジン　戦国時代編 vol.9 上杉謙信」（講談社MOOK）
「NHKその時歴史が動いた　傑作DVDマガジン　戦国時代編 vol.7 信長と今川義元」（講談社MOOK）
「週刊日本の100人　NO.012　武田信玄」（ディアゴスティーニ・ジャパン）
「週刊日本の100人　NO.013　上杉謙信」（ディアゴスティーニ・ジャパン）
「週刊日本の100人　NO.041　直江兼続」（ディアゴスティーニ・ジャパン）
「週刊日本の100人　NO.097　今川義元」（ディアゴスティーニ・ジャパン）
「知れば知るほど面白い　戦国の合戦」小和田哲男監修　横山光輝画（実業之日本社）
「知れば知るほど面白い　戦国武将」二木謙一（実業之日本社）
「歴史人　戦国武将のライバル対決」（KKベストセラーズ　2014年No.41）
「歴史人　戦国武将の名言」（KKベストセラーズ　2012年No.23）
「一個人特別編集　戦国武将の知略と生き様」（KKベストセラーズ）
「一個人別冊　完全保存版　戦国武将の謎127」（KKベストセラーズ）
「一個人NO.158　戦国合戦の謎（ミステリー）を旅する」（KKベストセラーズ）
「イラスト図解　戦国武将」河合敦監修（日東書院）
「ビジュアル戦国英雄伝1　織田信長」河合敦監修（学研）
「ビジュアル戦国英雄伝4　武田信玄・上杉謙信」河合敦監修（学研）
「Truth　In History6　前田慶次　武家文人の謎と生涯」今福匡（新紀元社）
「Truth　In History 8　武田信玄　武田三代興亡記」吉田龍司（新紀元社）
「Truth　In History10　上杉謙信　信長も畏怖した戦国最強の義将」相川司（新紀元社）
「Truth　In History15　直江兼続　家康を挑発した智謀の将」相川司（新紀元社）
「カラービジュアル版　戦国大名　勢力変遷地図」外川淳（日本実業出版社）
「戦国武将　物知り辞典」監修奈良本辰也（主婦と生活社）
「歴史群像シリーズ⑭　真説　戦国北条五代」（学習研究社）
「新・歴史群像シリーズ⑯　上杉謙信」（学習研究社）
「晋遊舎ムック　歴史探訪シリーズ　北条五代戦記」（晋遊舎）
「戦国100合戦」（双葉社）

著・藤咲あゆな（ふじさき　あゆな）
神奈川県在住。児童向けの主な作品に、「魔天使マテリアル」シリーズ、「黒薔薇姫」シリーズ、「戦国姫」シリーズ、『黒田官兵衛　天才軍師ここにあり』など多数がある。TVアニメなどの脚本家としても活躍中。

絵・ホマ蔵（ほまぞう）
滋賀県在住のイラストレーター。戦国武将を得意とし、『黒田官兵衛　天才軍師ここにあり』でもイラストを担当。書籍のほかゲームや商品イラストなど幅広く活躍中。
ホームページURL:http://can.suppa.jp/dachi/

2015年５月　第１刷　　　2017年10月　第５刷

ポプラポケット文庫068-13

戦国武将列伝《せんごくぶしょうれつでん》 〈風《かぜ》〉の巻《まき》

著　**藤咲あゆな**

絵　**ホマ蔵**

発行者　長谷川 均

編　集　門田奈穂子

発行所　株式会社ポプラ社
東京都新宿区大京町22-1　〒160-8565
振替　00140-3-149271
電話（編集）03-3357-2216　（営業）03-3357-2212
インターネットホームページ www.poplar.co.jp

印刷　中央精版印刷株式会社

製本　大和製本株式会社

装丁　濱田悦裕　本文デザイン　楢原直子

ISBN978-4-591-14511-1　N.D.C.281　295p　18cm